深情

游乾桂◎著

CONTENTS

第四樂章 / **教育相對論** 168

第三樂章 / **濃情蜜意** 116

【自序】尋找深情

這些故事令我動容。

新婚蜜月，友人帶著高齡媽媽同行，我咋舌不已。他從單親家庭長大，媽媽含辛茹苦做工提供教育費用，自奉甚儉，省吃節用，好的留給兒子，剩下的自己吃。而今孩子成家立業，新婚妻子很有孝心，建議把從未出國的媽媽帶去旅行，我聽得眼眶泛紅。

球友年逾六旬，體力依舊充沛，球場上賣力奔馳，一點也不遜於年輕人，最令人動容的並非球技一事，而是孝心。有時他會急著先走，稱要帶媽媽看病、去市場買菜，常常看他推著輪椅，牽著媽媽的手散步中庭，他沒有彩衣，但很像老萊子。

旅行時巧遇一對父子，兒子近五十，老子有八十，結伴閒行於雲南的麗江古城。他們選擇慢行，兒子請假半個月相隨，沿途看他們談笑風生，親情百分百，原來父親以前也經常偷閒帶著他遊山玩水，而今他大了，父親老了，只想還恩，他說，再累也值得。

友人的新家離老家有段距離，他已年過半百，卻依舊保持每個星期回老家探視父母的習慣，二十多年不變。不知他的父母到底怎麼教他，以致於有一天，即使離開家門、遠行工作，老家依舊是他心中最美的居所。

這些全是我的友人或接近的人，而且全是老人了，保留著傳統的孝心，對父母深藏著愛。但，這一代，或者下一代，還有如此優雅的美德嗎？父母在他們心目中的位置，到底是第幾順位？抑或沒有位置了？

我在親職教育的領域中縱橫近三十年，從原先的意氣風發，很想有所作為，而今有些步履蹣跚，正是發現，教育一事長期以來都停留在智育的思考，忘了人生最重要的人情世故，遺漏人與人之間的關愛、感情、貼心等等。如果一個優秀的人連自己的父母都不愛了，他是否為人恐怕都是問題？我猜，頂多是好用的機器、賺錢的怪獸，或者提款機罷了。當他們努力於財富爭奪與累積時，會不會一併遺漏人生最美的親情？

退休多年的老友來訪，帶來一則令我省思的故事。他說兒女大了，房屋空了，心情差了，啜飲一口我替他沖泡的清香包種茶，幽怨說道：老了剩三好，抱孫好，顧厝好，等死好。

他做過一個毛骨悚然的惡夢：

兒子把一張紙條置於餐桌上出門上班，紙條寫著：「爸爸，這一百元拿去用早餐，往前一百公尺就到了；如果有剩，就當是你的老人年金。」他驚嚇而醒，紙條事件的原出處其實是他自己——他留過同樣的紙條，寫著：「桌上一百元，往前一百公尺有早餐店，剩下的就當零用金。」

最大的啓示當是報應。

父慈子孝不是口號，而是有一天你我都將有機會遇見的檢核。背影不限於朱自清所寫兒子對父親的懷恩，更多的是父親對子女的切切盼著，空巢何不歸？那種心情，漸次老了，我也懂了。

記得媒體在專訪時問過一個問題，對孩子有何期待？

健康、快樂是必備。

最後是記得愛我、想我。

這是眞話，並非做作之舉，只因我的教育觀念更有高度，安放人生哲學，早早明白人與人之間是緣分，而且是減法，會被稀釋的，終有一天，孩子們會自立門戶，另覓巢穴，屆時才是教養的眞正驗證。他會想及我們，教育才算成功；想都不想、理也不理，即使有所成就，與我們何干？也許連他的家門，我們都進不了，如何享福？

友人的弟弟在美國行醫，媽媽想飛往探望，他卻百般阻撓，一會兒說搬家，一會兒說有大雪，最後音訊全無，老媽媽天天以淚洗面，老淚縱橫，友人很不捨的勸媽媽死了這條心，至少還有他。他的體悟最深：有成就的全飛了；沒成就的，最有孝心。媽媽終於明白這一點，意有所指的點明孝順眞的比傑出重要。

苦楚堆疊而成的故事，勁道十足令人想及：分數、成績重要，還是愛、心、情三元素有味？

我的父母不識字，根本無法在知性部分提供幫忙，因而從未教過我數學，不懂《論語》、《孟子》，沒有ＡＢＣ的要求，但卻給足了愛。媽媽總是不辭辛苦熬煮轉骨湯，自扮醫生開出補身聖品；她更像巡更員，每隔一段時間就起身督察孩子是否踢棉被，還藏了一盒不為人知的私房錢，在我離開家園前，偷偷塞進我的口袋，囑我吃好一點，我驚訝莫名，雙眸泛著淚光。

父親是個嚴肅的人，他常不著痕跡把愛秘密地給了出來。比方說，天冷了，他會把外套脫下來，罩在我的身上；下雨天沒有雨傘，他會用鐮刀輕輕劃下姑婆芋，遮在我的頭上；遠行時，他常藏身門簾後，直到看見我的背影消失。

這些愛的資產，正是我想念與掛念他們的理由。這些感觸也許有一天，人人皆懂，但怕太遲了，我想用一本書的長度讓所有的父母提前理解。

《深情——教出懂愛、用心、有情的陽光孩子》一書，就是這樣的因緣促成的。最該感謝的是《讀者文摘》前總編輯潘少權先生與張青主編的邀約，讓我有機會把這些具有意義的教育思考寫了出來，烘焙成親職教育裡最美的元素。看似小品的文章，實則蘊藏了動人的情愫。這本書想重新喚醒人們心中渴望的兩本存摺：一本是「快樂存摺」，但願人人樂在工作，樂在其中，知之，好之，同時樂之；另一本是「愛的存摺」，讓家不止是成就，還有相互取暖的溫情，彼此牽掛的愛。

游乾桂寫於閒閒居

第一樂章

愛的 錦囊

愛藏於生活之中，用各式各樣的形式存在，
只是因為太淡，常常被忘了而已。
什麼都教，但不教愛；什麼都會，只有孝順父母不會的教育，
這樣捏塑出來的傑出人才，到底是否利於社會？

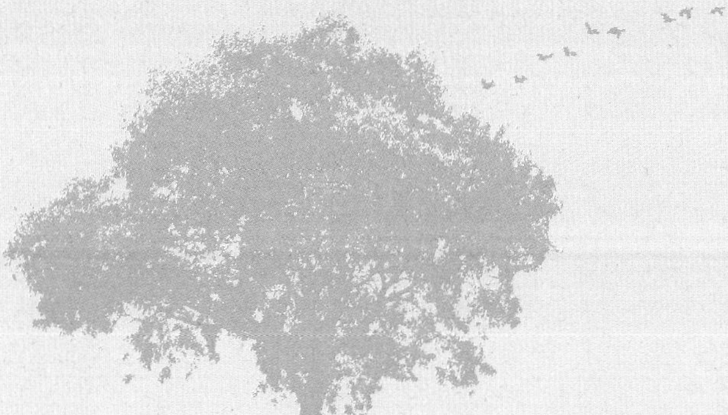

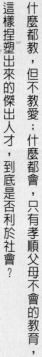

教育的驗證不該只是淺碟化的功成名就，更重要的是在二、三十年後，這位有了一頁風采者，是否懂得孝敬父母，臨老的人有人照養。

國中導師游騰守，閒聊時問起我媽媽的近況。他語重心長提點我，照顧自己的母親是一種功德，不可以用錢衡量，沒有吃虧這回事，因為她是媽媽。

他在自己的母親老邁之際，需要照養時，持的便是這樣的心態。他樂於比其他兄弟多付一點錢，因為那是應該的，不必計較，我們的孩子看在眼裡，以後老了方有人依靠。

只是我在審視這個社會時，發現結論往往與此背道而馳。有人利用暗夜把老媽媽背出家門，冷風颼颼中置放於醫院門口，開車走人。也有些孩子被父母強迫努力於學業，一路優秀讀完書，擁有博士學位，卻連一個月三千元的零用金也捨不得給，弒親、暴打父母的時有所聞。我甚至親眼目睹一位坐在名貴車子裡的中年人，對上車動作緩慢的媽媽，扯破喉嚨嘶吼，要求老媽媽速度快一點，但這麼老的年歲能有多快？

什麼都教，但不教愛；什麼都會，只有孝順父母不會的教育，這樣捏塑出來的傑出人才，到底是否利於社會？

孩子不可能一直留在學校，也不可能永遠停留在我們身旁，總會飛離。真正優質的教育，應該是在孩子展翅高飛後，仍懂得反哺之恩，而非一飛沖天，消失在無垠的天際。

我看過某個電視節目，主題很驚悚，主持人問參與的孩子，父母意外死亡的代價值多少？他舉空難當例子，賞金一路上加，如果墜機可理賠五百萬元，父母可死的請舉手。嘿，真有人舉手，但人數不多。賞金加到一千萬，人數多了一些，加到一億元時全數都舉了手。

這個問題很殘忍，讓我毛骨悚然，可能它只是節目效果，也或許是真實的，我都覺得不該如此坦蕩蕩地把潛意識裡最猥瑣、布滿污垢的部分掀開來瞧。那只會令家長神傷，原來教育給孩子的竟是這樣的價值觀；而我們卻還在費力賺錢，努力拉拔，圖一個功成名就。

我無法想像如果舉手的那個孩子是我的兩個寶貝，我將情何以堪？

誰的錯？

節目的製作人？

孩子？

教育？

或者一味只要求孩子成就非凡的大人？

愛的傳授確實已達不得不教的程度了，因為不教，沒有人會的。孔子早說過，人而不仁，如禮何？人而不仁，如樂何？

我甚至相信，人而不仁，如人何？

意指怎麼當個人呀。

愛的傳承，最好的方式是「身教」。

我的父親沒有受過任何教育，但他用助人的形式，教我愛是什麼？他並非有錢人，但樂於幫助比他窮的人，他開的雜貨店，常是村裡人的

「提貨中心」，賒欠的債往往一年後才付錢，有的甚至終生免付。我生病時，他放下手上的工作，背著我走了一公里的路去看醫生，這些事早因時間流逝變得泛黃、退出記憶，卻在我年過半百、慢慢老化時全想了起來。爸爸離開人間已久，如果還在世，生了病，我會用以前他給我的方式醫他。

我用同樣的方式給子女最美的愛，樂於在天光初亮、寒意逼人的早晨，起身做佳餚，用一頓早餐預約一個美好。我願意在冬天冷鋒中，陪著兒女一起用散步的方式去上學，只因想添一個緣，我們沿路逛著，隨意聊天，手牽得緊緊的。我好盼望他們放學，一起坐上鐵騎，穿梭於大街小巷，享受美好時光。

我告訴他們如何推己及人，能賺到錢便是幸福者，把這些錢的一小部分用於幫助更窮的人才是大愛，最好進一步及於大地、昆蟲、宇宙萬物。

有愛的人，當了廚師會是御膳官；當了老師會是教育工作者；當了醫生會是華佗、扁鵲；當了作家能寫出名言佳句影響人心；出了家可以成為大師普渡眾生，開釋迷惘的人；當了音樂工作者能用音樂淨化人心；單純擁有錢也能成為善心員外。

愛藏於生活之中，用各式各樣的形式存在，只是因為太淡，常常被忘了而已。我想用力的把它提取出來，書寫成一篇章節，傳承愛。

我想像一種可能，如果遲至四十歲，再遇上父親，我會怎麼做？
至少我會開車帶他看山看水，與他一起吟唱陳三五娘，陪他憶童年到溪中摸蜆；
我可以完全體會他需要我的心思，明白他冷淡的背後其實是熱情。

黃金交錯

逝世多年的父親突然躍進靈台，思念難抑，有懷念，也有傷感。

爲什麼人生非如此不可，我從青澀到成熟，不懂事到懂事，而他就必須由健壯變成年老，以致於永遠離開？

我想像一種可能，如果遲至四十歲，再遇上他，我會怎麼做？至少我會經常開車帶他看山看水，與他一起吟唱陳三五娘，陪他憶童年到溪中摸蜆；我可以完全理解他的心思，明白他冷淡的背後其實是熱情。

可是，我不可能一出生就已經四十歲呀？

莫非這就是人生，根本沒有一種叫做「早知道」的福分。

而今的我大約什麼都知道，了解他的辛苦與努力，如何替我著想，他的鐵石心腸下原來藏有俠骨柔情。可是懂了不如不懂，早早駕鶴西歸的他，只徒增我的思念與傷愁，甚或怨懟自己的年少無知。

當我十三歲，進入青春狂飆的年代，他已高齡六十，十足老人，我根本無法理解眼前的父親，為何急迫地告訴我一堆未來的事，用意何在？我當它是耳邊風，不屑的，懶得搭理，完全不曉得他的人生在這一刻已經往下坡滑行，不再活力充沛，他需要體貼與幫忙，而非莽撞與衝突。悟徹這些事不是因我後來大學時修習心理學、成為作家，而是長大。

當我身為人父，一些非常不簡單的道理全化約簡單，難懂的事全懂了，莫名其妙的觀念也成了易解的道理。

猶記得，每回從宜蘭坐車北上，準備返回學校，父親總是一臉嚴肅，很像爸爸，提著一籠自種的柑橘，輕輕放在我手上，囑我記得吃，不要忽略營養，而且要寫信回家。他並不識字，看不懂字裡行間的曼妙意境，但家書在他看來還是重要，抵得過萬金，我知道他會請鄰居、識字的人替他閱讀，而我當年竟自以為父親根本看不懂，家書因而少寄，有時根本沒寫，我猜他許有一絲傷感。

媽媽負責塞錢與燉補，錢是收了，燉補則心領，她常常偷偷摸摸地把紅龜粿、草仔粿、麵龜塞進我的背包，我則一樣樣取了出來，而今這些深情，終因角色異位而添得深層體會。

我再次驗明，早知道啊，眞是難買！

可是，爲何沒有人在人生的轉折點上，站在高位點醒這些事，讓年少者能早一刻知道？抑或人非得經過歲月的淘洗，方可理解何謂親情？

夸父是我們的寫照，在太陽的後頭緊緊追趕，卻永遠趕不上，徒增遺憾。早一點知道多好，至少我會貼心一點，孝順一點，關心他們一點，願意多做一些事，而今只剩一份子欲養而親不在的哀愁。

黃金交錯是事實，可是我不確定交錯之後是否全得了黃金？

我複製父親的經驗，孩子回家之後，準備返校前，我會在一個小小的塑膠袋裡塞著滿滿的水果，同樣囑他要吃哦，不要省。兒子依我當年的模式，直說不要啦，很麻煩，你自己吃，之後把包包裡的東西一樣樣取了出來。

女兒回來時，她的媽媽依舊燉著一鍋補品，有調氣的，養身的，補補神韻的，孩子依然嫌苦、難喝，我不確定有無偷偷倒掉？

孩子以後會成爲別人的父母，有了自己的孩子，可能複製我的感觸，明白當年父母的心思，同時爲自己的無知揪心，卻無可避免的一再重蹈覆轍。給人傷心的人，釋出愛心，換來傷心，成了輪迴三部曲。

這些事看似好笑卻也傷感，而今多了一點點離愁。無論我如何不捨，孩子的羽翼的確熟成，準備單飛，前方有美麗的人生等著提領。我盼望，有一天，當我六十歲，而他三十歲時，人生可以重回美麗的「黃金交錯」。

但願，那時候他們已然懂事，

而我，

還在！

熱鬧中著一冷眼，便省許多苦心思；
冷落處存一熱心，便得許多真趣味。

——菜根譚

爸爸的記憶深處深埋一幅畫面：奶奶常呆立在米缸前方，望著空了的甕，不知如何是好？年歲教我了然，那只老甕不止是老甕，它藏著父親對奶奶的思念，一份屬於他的記憶圖譜。

傳家寶

父親的遺物之中，堪稱傳家寶的約莫三樣。

一貧如洗的我們，根本沒有相機，很少與父親合照。大學畢業時，他千里迢迢專程從宜蘭搭乘北上的火車，輾轉坐上二三六公車到木柵參加典禮，父子合影，留下唯一的戳記，我視若至寶，理論上算是我的傳家寶了。

父親手工精良，農忙餘暇時會上工取一些能用的木料，自製生活用品。一只香樟小木櫃，藏不住飄香的氣流；老錢幣，包括一角、五角、一元、五元，放得滿滿的，現在全是骨董。

一只刻烙百年風霜的老甕，當是最有價之寶物了。

老甕長得可人，圓滾滾的身軀，神似一尊大肚能容、慈顏常笑的彌勒佛。許是歲月狠狠輾過，大大小小的細紋布滿周身，小如髮絲；大處的裂紋，已經到了透光的程度，被水泥一層一層粉飾過，外層並圈了鋼絲固牢，古樸斑駁，很有味道。

它是寶貝，父親非常珍惜，小心翼翼守護，不准有人用力過當，傷及風霜的老臉。對待它是有口訣的：輕輕擺，慢慢放，緩緩拿；總之，父親會盯著家人看的，誰不守規矩，他就對誰發火。

風霜的老甕，有何值錢之處，隨便買都比它新穎耐用，何以不離不棄，我完全無法理解？

年歲教我了然，恍然大悟，老甕事實上不止是老甕，它藏著父親對奶奶的思念。我懂了，原來見甕如見人。

古早的年代，它是米缸，父親偷偷典藏了起來。當年不富有的家，米缸常在滿與空之間流轉，奶奶的心情溫度計以此為準：空了，哀傷，滿了，歡喜，滿空與笑哭對應。爸爸的記憶深處，深埋一幅畫面，奶奶經常呆立在米缸前方，望著空了的甕，不知如何是好？

他很堅持，什麼東西都能扔，但老甕不行；什麼物品都可壞，但甕不能壞。這種心思，我慢慢有所理解。

每個人都有成長歷程，它是記憶的出處、生命的過渡，經由彩繪，很難磨滅的。就如同我到現在仍珍藏父親自製的樟木櫃一般，它是尋常的，沒有什麼價值，賣不了太多錢，但卻是我的寶貝，足以傳遞眞情。父親應該不止戀舊，而是試著藏了一個家族，或者父親本身，童年與成長的美好記憶。

老甕移居台北，輪轉到我手上，代替父親典藏一份屬於他的記憶圖譜，也許傳家寶就是這層意義吧，一代傳一代地說著一個家族的故事。我把它置於屋頂花園一角，老物新用，讓渙散的記憶重新組合起來。

形體優雅的水生傘蕨置於它的大肚口，幾棵布袋蓮依偎相伴，夏季開出曼妙紫花。傘蕨長相優雅，筆直的身子在頂端展成傘狀，傘穗開出細細碎碎的小白花，美極了，我替它築出一個高台，尊貴的向陽，讓它像一個王者。

父親常常想及奶奶，是否因爲這只老甕的緣故，讓他們之間的記憶有了聯結？而我不時思及父親，是否也因爲有了一份足以典藏的禮物，將過往的記憶接軌，打開它就猶如經過一條時光通道，回到過去？

即使父親歸仙二十多年了，可是記憶盒中，依舊鮮明，打開它馬上出現昨日光影。如果父親不留給我這些看似珍貴的寶物，他的影像會不會一下子就淡出我的潛意識？兩代之間若缺乏一點點足以說明關係的印記，那麼教養的意義又是什麼？

有一回，受邀雲林演講，學員的臨別贈禮是一隻圓滾滾、模樣可愛的「聚寶豬」，這份禮物在我上完課準備離開時，送了上來，五顏六色的彩繪，讓我眼睛一亮，喜歡極了。學員告訴我，牠是一隻特別的豬，只進不出，十足守財奴，我歡喜收下。

這些年來，我常常與孩子書信溝通，下下紙條、寫寫短箋，有些是我想與他們講的話，有些是名人雋語，更多人生格言，多半只有隻字片語。女兒保留了一部分，兒子也藏了起來，這些話集合起來很像古代的錦囊寶盒。

我把一張張用心寫成的字條，摺疊起來，像鳥一樣飛進一隻沒有出口的豬腹之中，內容包括人生閱歷、生活哲理、心情觀察等等。

豬腹內的秘密，也許連我都會忘記，但有一天，孩子若選擇打開，一定味道十足。他們也可以選擇保留，繼續另一段長長的書寫，傳承下去。

百年、千年，成爲獨一無二的傳家寶。

盛年不重來，一日難在晨。及時當勉勵，歲月不待人。
——陶淵明

投資金錢的人，兒女頂多理性地還我們金錢，打電話未必噓寒問暖，
只是確認零用金收到否？投資時間於兒女身上的人，
得到的卻是感性的美好時光，有人惦記健康，關心生活，抽空陪他旅行。

值得

這件事大約十年前發生，我典藏於心，很難忘記，而今正式發酵，幽幽流淌出動人的篇章。

那是一趟背包客旅程，途中邂逅一對黏膩的父子，卻像如來一般，給我上了一堂別出心裁的教育課。

中年人約莫五十歲，理個小平頭，看來很有朝氣，十足像個朝九晚五的公務人員，講起話來聲如洪鐘；老年人約莫七、八十歲，身子佝僂，聲音微弱，腳步緩慢，偶有積痰，看得出老邁的模樣。他們結伴旅行，行走於金庸筆下的段譽國度，大理王朝，我夢中的聖地雲南。

年紀不輕的兒子，帶著年邁的父親，縱走於窮山大水之間，可不多見，當是負擔，而他們卻甘之如飴。我閒行玉龍雪山時與之交會，攀談起來，結一個緣，赫然發現住在同一家旅店。那天夜裡，繁星點點，天高雲低，露水沁涼，三人在草蟲唧唧中聊了起來。

我問了一個蠢問題：

「會不會很辛苦？」

言下之意是，這麼辛苦，怎麼會想到單獨帶老人家出來自助旅行，他只差沒回答：「笨蛋，你說的是廢話。」明知當是累人，但何以爲之？

「値得」是他的說詞。父親看來硬朗，體力卻早大不如前，他清楚感受到歲月不饒人，風燭殘年鑲嵌臉上。老人家喜歡旅行，但沒人作伴，並不合適遠行，有一年與哥哥討論，輪流陪他出遊，以自助慢行，完成旅行。他們自己打理行程、旅店，聘請當地的導遊伴遊，不只好玩，而且不必趕行程，累了就休，休好再行，白天旅行，入夜就睡，處處用心，看得見孝心。

老爸爸曾是忙碌的生意人，日理萬機，但總不會忘記家、忘記孩子，眞誠付出，人人感受得到。他常指著孩子說：「你們比錢重要。」

看似平凡的一句話卻深深烙印，無法抹滅。午餐是他們的家庭時間，爸爸總會趕回來，用完膳聊過天，再兼程回公司。

老人家最常把「心肝寶貝」掛在嘴邊。

老了之後，孩子也自然把他當成了「老寶貝」。

老人家愛開玩笑，戲言爸爸就是把自己碗中最好的食物，放進兒女碗中的人；而兒女就是把自己不喜歡吃的東西，放進父母碗中的小傢伙，看似怨言，卻是眞情。孩子把這話記在心上，私下許了個願，希望有一天，讓爸爸感受到，兒女也能把最好的東西，放進爸爸碗中。如今兩個小孩長大成人，有番成就，決定還恩帶著暮年父親四處遊歷，因爲這一年過了，不知是否還有下一年？

我用餘光偷偷瞄到，說這話的同時他眼眶泛紅。

老先生邀我一起結伴閒行北京，他說香山曹雪芹故居値得一玩，據稱那是書寫《石頭記》之處，我欣然同行。途中有好幾回，中年人用風一般的速度搶進廁所，原來是要替老爸爸占據如廁的有利位置。這個遊戲好玩極了，我參與其中，與中年人相約，一起拚搶廁所，來個有趣的搶門大作戰。

突兀地想起這件事，添得反芻。

平凡的父子，讓人見識到家人比財富更重要的肌理。

「養兒育女最大的收益，並非成就有多高，而是孝心有多大。」老先生說得洋洋得意。

我明白了，投資金錢的人，兒女頂多理性地還我們金錢，未必噓寒問暖，只是確認零用金收到否？可是像老先生一樣，投資時間於兒女身上的人，反而得到感性的美好時光，有人惦記健康，關心生活，抽空陪他旅行。

沒空、很忙實際上只是藉口，可是它卻足以使孩子孤獨、怨懟，缺乏親情滋潤。缺乏眞愛的親子關係，眞正的受害者將是我們，年紀老到舉步維艱，需要身旁有個噓寒問暖的幫手時，噩夢勢必降臨。孩子牢牢記住這些謬誤，他們會用同樣的口氣對我們說：

很忙。

沒空。

你不會自己來嗎？

「値得」一詞，當下顯得格外引人沈思。

我一直在想，截至目前爲止，是否有做過什麼讓孩子覺得值得的事？

他們會不會在未來覺得我值得賣力付出？

誰道人生無再少，門前流水尚能西。——蘇東坡

他以為我是警察，攔他下來盤查的，客氣問道：

「我可以走了嗎？我要快點去拾荒，快一點就可以早一點載爸爸回家。」

他的話沒有引經據典，卻很有力道，字字撞擊心靈。

最美的回報

颱風轉了個大彎，一記回馬槍，向上曲折慢行，看來大風大雨肯定逃不過的。我的演講非常尷尬的夾在其中，主辦單位取不取消，一度爲難，最後決定，颱風尚未登陸，冒雨進行。

沒有料到，這場勉強的演講，會遇上一件有趣的事，讓我看見一幅最美的親情。

當天，車子在大雨中行進，雨刷根本來不及刷清傾盆而落的雨水，即便我轉至最高速，窗戶始終霧茫茫的。

筆直的道路，來往的車子少得可憐，週六彷彿我的特別日，與一群不畏風雨的聽講者促膝長談，我猜測來的人理應不多，但風雨故人來，倒有一番風情。

很快的，我由幹道轉進慢車道，估計再過兩個紅綠燈，就可以抵達目的地了，這時候巷弄裡突然有輛三輪車闖了出來。這種古早的代步工具我以往見過，甚至坐過，但已經很久沒有出現，此刻，它卻在雨中。

年輕人在暴雨中賣力踩踏，奮勇前行，白髮蒼蒼的老者，彎身坐在後座，只穿著一件單薄的雨衣，便利型，罩住全身。風雨強勁，一件簡易的雨衣怎可能抵擋得了，分明虐待老人嗎？

我放慢車速，緊隨其後，趁勢超車，哪怕離演講時間只剩半小時，稍一猶疑，恐怕會遲到，但好奇心驅使，我想探個究竟。

依據我的專業，判斷年輕人有智能上的問題，蒙古症患者，八九不離十，我也猜得出三輪車是資源回收車。可是這麼大的風雨，爲何還要出來撿拾舊物，老人家爲何不待在家裡，何以必須淒風苦雨？

往前再開了五十公尺，我停下車，撐傘走了出來，伸手攔住年輕人。他很和善的停了下來，問我什麼事？

「老人家是誰？」

「我爸爸呀。」

「風雨這麼大，爲什麼不把他放在家中？」

「我不放心。」

「家裡沒有其他人嗎？」

「沒有，只有我和爸爸，留他一個人我不放心。」

「不放心」三個字重複出現，令我印象深刻。

他眞有心，擔憂行動不便的父親，隻身在家有危險，兩害取其輕，即使風雨很大，有他在，至少安全。

小時候，父親爲了照應蒙古症的他，也是常把他背在背上，外出工作，一律同行。父親的友人問過他，爲什麼一直帶著孩子，他回答，這孩子笨，不懂得自我照顧，一個人在家他不放心。

年輕人深深烙印「放心」一語，記了一輩子。

而今換他告訴詢問的人：爸爸老了，一個人在家不放心，寧可帶著，一起吃苦。

他以爲我是警察，攔他下來盤查的，客氣問道：

「我可以走了嗎？我要快點去拾荒，快一點就可以早一點載爸爸回家。」

他的話沒有引經據典，卻很有力道，字字撞擊心靈。

口袋裡正巧有一千元，我輕輕放在他手上，告訴他颱風快來了，冒雨拾荒很危險，趕快回家。

「一千元給你，可以收工嗎？」

他搔搔頭，笑一笑，給我一個善意的回應，回頭跟他爸爸說收工了，可以回家了，再轉身向我謝謝，便消失在雨中。

我忘了回神，呆立在風中，眼前閃爍著這幅最美的畫面。

人生最有價的，其實是酸苦。——哈代

媽媽來家小住，我常起得更早，替她熬一碗愛吃的粥。女兒問我為什麼？只因她愛吃啊。我牢牢記得，媽媽也曾經一早醒來煮粥餵我，她老了，我還她小黃瓜、豆腐乳、蘿蔔稀飯，天經地義。

愛的存摺

水晶球輕而易舉顯露我七十歲時的樣貌與期待。

七十歲，理應白髮皤皤，有些耳背，身體的零件微恙，需要有人照應。兒女該有四十歲了，正值年輕力壯，闖蕩江湖，非常忙碌。我閉上雙眼，用力地看這顆水晶球裡的自己，但盼可以透視當時的際遇：

兒女很有錢？

是個名人？

很有成就？

不！這些並非我的期待。兒女承歡膝下，願意像個老萊子，陪我聊天、一起吃飯，

結伴爬山、共同旅行，才是我最卑微的幻想。

一個問候，一句請安，一份孝心，一籃水果……勝過家財萬貫咧。

水晶球顯示一部日本傳奇小說，指陳的地方位於日本長野縣，古稱信州，縣內有一座小山人稱「姨捨山」，山中有一怪風俗：年逾七十歲，沒有謀生能力的老人家，會被棄置山中自生自滅。

日文的「姨捨山」直譯便是「拋棄老婆婆的山」，這是窮鄉僻壤的人們爲了減少開支的殘酷機制，村民不捨卻又無奈奉行。

小說家深澤七郎據此習俗寫成名著《楢山節考》，導演木下惠介及今村昌平分別拍成電影，我數次觀賞，心中翻騰不止。

養兒育女的最後結局竟是如此殘忍地被背上山，放在懸崖旁，用完最後一頓飯，老人家站在崖邊想著，該去覓食？或者縱身一躍？這個掙扎，讓我毛骨悚然，直起雞皮疙瘩。

我在醫院的一角，院長安排的小小房間裡，與不止一個皺紋斑斑、頭髮霜白、滿臉愁容的老人家，隔著一張方桌，喝著我剛替他們沏好的包種茶，煙仍未散，依舊冒著，緩緩飄開，一把眼淚一把鼻涕地向我控訴子女不孝。而我卻只能無助的安慰著，傾聽苦水。

老人家的愁苦臉上，一抹哀戚，竟也把我感染得百味雜陳。

留美名醫返國探親，爲的是替年邁的母親辦理貧民證，報紙登了出來，我的錯愕可想而知。

他強調自己是美國人，母親是台灣人，他雖然富有，但母親貧窮，有權享受社會福利，請領老人津貼。他的說法也許無誤，但缺了人性，風塵僕僕返台並非探望老母，盡人子的孝道，而只是爲了省去區區數千元的月養老金，這就不禁令人有些遺憾了。

同一時間，一篇關於台灣特有亞種黑枕藍鶲的故事輕叩心靈。牠們分布在低海拔與丘陵地，生性活潑，追捕獵食，但築巢時卻又仔細精明，草，枝，樹皮，棉絮，一層接一層包裹，編織一個窩；遇上颱風暴雨，雛鳥走不開，還會不懼風雨護著，用自己的身體擋住，等候雨過天青。

這樣的母鳥，那樣的兒子，譜出一幅深思地圖。

問題出在哪裡？

許是我們都沒有購買水晶球吧，未能早一點明白，名利很容易腐蝕人性。

反哺之恩？

在人性扭曲的社會之中，這會不會是個奢望？它早成了絕產品，是需要特別保護的亞種。

醫院求診，醫師帶笑告訴媽媽，兒子孝順哦，並且回頭跟我說，這幾年，已很少看見兒子帶媽媽看病，通常都是瑪麗亞。我失態狂笑，但不免有些心酸，原本以爲應該的事，現在看來都成了不可多得的貼心了。

以往媽媽來家小住，我常起得更早，替她熬一碗愛吃的粥。

女兒問我爲什麼？

只因她愛吃呀。我牢牢記得，媽媽也曾經一早醒來煮粥餵我，她老了，我還她小黃瓜、豆腐乳、蘿蔔稀飯，天經地義。

在我看來，愛是曼妙的元素，它像一本存摺，存得愈多，提領愈多。

一顆孝心，勝過萬千財富。 ——菲爾丁

媽媽明顯退回童年了，我被幻化成了弟弟，常要我帶她去找我們的媽媽。
我笑中帶淚，不過這樣也好，她活回自己的世界，反而好開心。
我決定再去看媽媽，今天我想帶她去貓空喝茶，順便聊聊「我們的」媽媽。

媽媽的處方箋

子欲養而親不在的警鐘，急促敲著，悠揚吟哦。我明白與媽媽續當親子的時間眞的不多了，媽媽的好，攔都攔不住的浮掠出來。

很嘮叨的她，事實上是我的避風港。

頑皮的我，小時候常常誤觸家規，惹來一堆麻煩，爸爸寶棍出鞘，準備開打，媽媽裝怒竊笑引我進入一扇任意門，躲了起來，免除皮肉之痛。爸爸找不著，過一陣子氣便消了，我得以從容返回飯桌坐定吃飯。

少少幾次玩瘋了，晚至七、八點鐘才從釣場回家，爸爸氣急敗壞，追著我跑，媽媽在後面跟著叫嚷阻止，老爸追不上野孩子的我，大聲恐嚇：「不要給我回來。」

釣況如果不錯，通常可以驅吉避凶的，爸爸瞧見滿簍的魚蝦，很快便轉氣爲喜，小聲告訴媽媽：「叫他回來。」

即使釣況不佳，毫無收穫，媽媽也有辦法。她能使出法術，變出一簍魚來，爸爸看了又是心花怒放，原諒我了。

她的愛從無上限，一直濃得很，私底下我與弟弟稱媽媽爲「衛兵班長」，她幾乎每晚都會在半夜起身查房，看看兩個小孩兒有無掀被，順手蓋上，摸摸小臉。我的睡眠習慣不佳，常常來個三百六十度大旋轉，往往得勞駕她把我喬回中線；有時滾下床，她可得費勁把我抱回床上。

考上大學算是我第一次眞正的離鄉背井，她可提心吊膽了，以前吃家裡的，不必煩錢，北上之後得吃自己，她便掛念了。

錢夠嗎？

有錢嗎？

她順勢從口袋中取出一疊想必存了很久的私房錢，塞進我的手中：「拿去，別讓你爸爸看見。」

這些全是老爸一簍簍金棗、一根根竹筍、一箱箱橘子，負重馱載到市場販售掙回來的，寶貝得不得了，他希望得之不易的錢不要亂花，能省則省。我的確很省，但他希望再省一點，於是我們常上演有趣的「金錢大戰」——爸爸拚命把錢放進存錢筒，媽媽偷偷搬了出來，讓我添得安穩的學問之旅。這份恩情，及至年長，自己當爸爸之後才有了感受，眞的難忘。

媽媽是藥劑師，但沒有任何證照，只負責替我們調製成長處方，我根本不明白這些抄得密密麻麻的處方箋哪裡來的？有何根據？字體是如假包換，純正的媽媽「女書體」，當是無誤，她未上過學，並不識字，用手抄下似懂非懂的藥名可不容易，居然只是爲了我的頭疼、很累、胃痛、長不高……，手抄無數方子。燉雞算是最好吃的，有些莫名其妙的食材就嘔了，什麼土龍子、豬肚、蛇……，怎麼吃呀，這下她可會拿出一根長棍伺候，逼我就範，喝完才肯罷休。

遇上丹毒，她也有偏方。比方說，生蟹扣開，取汁敷患部，食蟹肉；或者活蚯蚓六條，白糖一兩半，兩者搗成糊狀，調敷患處。天啊，這是誰教的，我猜，當年的病全是嚇好的，不是醫好的。

現在想來，媽媽還眞嘔「心」，但這個心可是用心的心，讓小六畢業只有一百二十八公分的我，長至近一百七十公分，也算功德一件。

媽媽的愛早在我心中盤據成一棵大樹，遮蔭避雨。當她罹患重度失智症，醫生建議我們把她送進安養中心由專人照顧時，我一度有所抗拒，六神無主，慌了起來，即使這間養護所離家不到五分鐘，我依舊一夜難眠，輾轉反側。

煎熬與心理掙扎，的確花了我不少時間沈澱。原本信誓旦旦要媽媽留在身旁的我，因爲缺乏更專業的設施，天天疲於奔命，早早豎起白旗，兒女見我心亂如麻，提點我讓奶奶得到更專業的照顧也許更好。事實證明這個決定是對的，不僅我鬆了一口氣，媽媽也變得硬朗、活潑、有趣，甚至愛笑，偶爾有些小小狀況，拎著包包想找她的媽媽，或者耍點小賴之外，一切正常。

媽媽明顯退回童年了，我被幻化成了弟弟，常要我帶她去找我們的媽媽。我笑中帶淚，不過這樣也好，她活回自己的世界，反而好開心。

兒女問我，奶奶的事，爲何讓我這麼操心？

「哎，她是我媽媽呀，你們懂嗎？」

他們不是我媽媽的兒女，不可能感受得到我曾經領受的愛，它濃得像一杯鮮甜濃郁的牛奶，香氣溢流，怎麼可能或忘？

五分鐘，不遠，我常去探視她，與住在家中沒有兩樣。只是每每從安養中心離開，心裡仍會一陣酸楚，媽媽陪我走到門口，握住我的手悄悄地說：「眞謝謝你呀，這麼忙還來看我。」

臉上再度堆滿笑意，緩緩的舉起手來，輕輕揮動，向我說再見。

那一刻，不知我在她心目中是誰？

探視媽媽，我喜歡帶著兒女同行，其實有一點小小的私心，希望有一天，孩子理解我與媽媽之情，學到「持吾之手，與吾偕老」。

寫完稿，關上電腦，深呼吸一口，我決定再去看媽媽。今天我想開車載她去貓空喝喝茶，順便聊聊「我們的」媽媽。

給孩子一點愛，他將回贈你很多愛。

——羅斯金

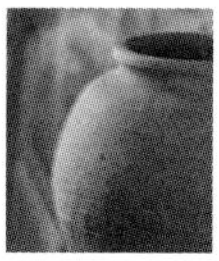

親子關係原係一種種植，種瓜得瓜，種豆得豆。
我與父親的關係太像父子，雖不至於劍拔弩張，卻少了濃情蜜意；
我便誓言要與兒子成為友朋、一生的夥伴，從做牛做馬開始。

我愛你

輕鬆把玩手機的手，隨意一按，把前兩天傳給兒子的簡訊再度送出，其中兩句是：「我愛你，我好想你。」

可是兒子才剛出家門，返校沒有多久，他驚訝莫名覆了信，取笑我一番，信的內容是：「才剛走咧，怎麼這麼想了，哎，一定是我太棒了。」

說的也是，我的確想他，而他也眞的很棒。

這個孩子說話很甜，會跟媽媽撒嬌，語氣堅定地說他想念媽媽的菜，還會捧著我的臉恣意玩弄；跟姐姐也是無話不說，成爲戀愛小軍師，專出餿主意，他是個陽光男孩，人緣好到令人生嫉。

按理說，我該開心，但是五味雜陳的心情，其實別有原因。我希望有個可以撒嬌的爸爸、逗樂的長輩，讓我與兒子一樣陽光，可是成長的過程中，我一度非常陰鬱。

整理過爸爸曾跟我說的話——

最多的一句應該是：吃飽沒？

次多的是，跟我去筍園。

很少叫我去讀書。

從沒講過「我愛你」。

「我愛你」三個字，眞短，可是也很長，長到我必須等一世紀，天荒地老，依舊沒有等著，而今父親早就墓木已拱，根本沒有機會了。

我又跟父親說過什麼？早已不記得了。

可能有：

我回來了。

我出去了。

要繳學費了。

上了大學之後，父親已然老邁，我應該說過：

最近身體好不好？

胃還疼嗎？

吃好一點。

我想多說一點，可是心長語短，貧乏的關係羅織不了華麗辭藻。當他胃疾辭世，我有言無處說，曾經痛過，好想人生重來。

親子關係原係一種種植，種瓜得瓜，種豆得豆，父親生冷的嚴父角色，讓我無力走進他的生命底核，只能在周圍游走，成爲他生命裡的觀眾。他曾試圖打破僵化關係，可是力有未逮，便撒手人寰了。

我與父親的關係太像父子，雖不至於劍拔弩張，卻少了濃情蜜意；我便誓言要與兒子成爲友朋、一生的夥伴，從做牛做馬開始。

即使再忙，我也會回家，蹲了下來，甘爲孺子牛，形同坐騎。

我們一起騎著單車探險，把居家附近的小山小水、叢林野地全走遍。這些趣事，他如數家珍，當附近的野地被剷平蓋起大樓時，他的心情起了極大變化，不平之鳴上身，直指建商是樹的劊子手。

我們是球友，他從不會打球，到我怎麼樣也打不贏他，我們的甜蜜對話常是在打完球、大汗淋漓時，坐在球場一角聊天互訴的。這個場景像極了電影《大河戀》的其中一幕。

「我愛你」是我的練習曲，這句話即使對人稱專家的我而言，難度仍高，我是透過一次又一次的演練，才脫口說出。一回生，二回熟，而今我已說得自在，孩子們也聽得歡喜。

孩子懂得加碼演出，對我說：「想死了」、「無時無刻」、「分分秒秒」……即使我確信這是唬弄的，依然開心。

我真的很愛他們，無論表現如何，是否得冠，無需成就，都是我的心肝寶貝。我感受到孩子也是這麼想了，即使我無法提供華廈美宅、錦衣玉食，我還是他們的心肝老寶貝。

孩子說過：「我們一定會好好照顧你的。」

聽了這話，我不止放心，更有滿懷的開心。

愛的黑夜有中午的陽光。　——莎士比亞

我創造了更多可以寫信的私屬節令，孩子的生日我寫，我的生日也寫，媽媽的生日更是要寫；最後連端午節、中秋節、過年，都想寫它一封長信。我的信，有單純深情的、有說大道理的，更多的時候，我寫些悄悄話……

秘密行動

我是個偷智慧的高手，別人的曼妙觀念掩身而過，我都想把它據爲己有，成爲有意義的行動。

有一回，電視台錄影時，遇上丁醫師，她提及女兒上國中開始，每年生日，她都寫一封情意綿長的信，說出母親的溫柔觀察與貼心鼓勵。

離開電視台，這段話不經意鑲嵌我心，暗地產生化學作用。女兒唸了國中，發酵成秘密行動，我也寫起了生日長信。

我跟女兒要求 e-mail，起初換來一臉不解，問我：「幹嘛？」

「寫信給妳呀！」

「你有沒有搞錯，在家還寫什麼信？」

事後證明此舉管用，女兒接到信時，既驚訝又高興，在電腦前坐定，閒睛展讀，來回數回合。

相隔多年，有一天，女兒提及這段往事，偷偷告訴我：「看到第一封信時，充滿莫名的感動。」

感動？

小小的一封信，用白紙黑字寫成的，竟可打動狂飆年代青少年的心。若是如此，當要多寫。

我創造更多可以寫信的私屬節令，他們的生日我寫，我的生日也寫，媽媽的生日更是要寫；最後連端午節、中秋節、過年，都想寫它一封長信，害得女兒抗議起來，說我疲勞轟炸，讓他們眼睛長出繭來。

我的信，有單純深情的。

包括心中的掛念與擔憂。

還有大道理，非說不可。

我說過一流與有用的差別——一流就是那個天下無敵的傢伙，很像英雄，厲害到不行，像個超人，會飛，也敢內褲外穿，但基本上不像人。我告訴兒女，如果要用盡所有

的光陰，去演一個叫做偉人的角色，我並不喜歡。我說，人只是小螺絲釘，只要把自己演好，就是有用的人物了。一流的人常常演別人要的人物，但有用的人常常演他自己。

我也與他們說過與眾不同和與眾相同的分別：大家都一樣就沒有什麼差別性了，我希望他們可以學學美國詩人佛洛斯特，在森林中的兩條路上，選擇人煙稀少的那一條，這就是與眾不同了。

與眾相同容易，與眾不同很難，得付出更多的心力、時間，雕塑出不一樣的風貌。瑞士的教育家很特別，強調：「學什麼都好，但要學到最好。」我也把這麼精彩的觀念，透過書信告訴孩子。

更多時候，我寫些悄悄話。

我不吝嗇說出優點。

女兒在美學上很有造詣，我鼓勵她堅持方向；她對感情太執著，容易被傷害，我提點她拿起與放下，告訴她男人的心態、戀愛結婚的要點，快像顧問了。

兒子的強項是運動，我建議他別在意別人眼光，努力學出專業，因為做自己會的、喜歡的，方可信心十足。

我懂得運用鼓勵。

「真是厲害！」

「怎麼辦到的？」

「教教我好嗎？」

「誰這麼會生。」

我彷若〇〇七情報員，秘密執行行動多年，並未有什麼傲人的大收穫，他們依舊是孩子，尚未羽翼豐富，但是貼心得很，常常回到家，便與媽媽談起悄悄話。看他們的嘴形，談的應該是戀愛經，媽媽一副軍師模樣。

我的兩個孩子，將來未必是名人，很有成就，行囊全是錢，但一定是我的人生好夥伴，單就這一點，就很值得了。

愛會在愛中滿足了。　——紀伯倫

我不知道，我和孩子們的人生還有多少可以相伴？
即使只剩一次、一小時，我都心滿意足。幸福在我看來，不難，
只要用心去做，他們就會提供值得的厚禮。

幸福

我被載往當地很有名的一家臨海餐廳用餐，古色古香的建築，醉人的音樂，大膽的色調，上好的食物，開心聊著天。這是當個演講者的好處之一，根本無需吹灰之力，就有人服務周到的載我前往嘗鮮，吃到美食。

主辦者是一家書院的院長，很有人文情懷，商請我對他們的家長講述教育倫理，這本非我以往擅長的題目，但是盛情難推，我額外講了一場，得到意外的掌聲與收穫。

院長也有一個就讀大學的兒子，本想答應同行用餐，但臨時與友人有約，一大早就出遠門了。

院長有些傷愁：「這麼大的孩子，看來不是自己的囉，彷彿別人的。」

院長夫人回頭問我：「你的孩子會這樣嗎？」

我有些遲疑，答與不答兩難。事實上，我的兩個孩子也都上了大學，早不在身旁，各自擁有天空，但讓我欣喜的是，我們的距離似乎不很遙遠，有些黏稠，濃得很，當別人的孩子在大過年都與朋友相約看電影、踏青、做些私人的事情時，我的兩個兒女卻一直陪在身旁，與我們一起逛夜市、吃小館、賞花燈，相約閒行花博，與他人比起來，我們眞是幸福。

我選擇實話實說，院長夫人長嘆一口氣，便陷在沈思之中了。他們深有同感，覺得同理心再不教，以後孩子長大大約沒有幾人會懂得，甚或記得家中的老人家老到必須有人幫忙了。

事實上，兒子與他的媽媽更是親近，把她當成軍師，週末假日休假回來，母子倆常關起門來討論戀愛大事，她如顧問一般，就她所理解的，給予中肯意見。

女兒的愛情顧問也是她，我的想法，反而不在參考行列。

他們三個人有時候當是一國的，蹬地一躍，圍著大床，便吱吱喳喳起來，根本不理我，有時還會趕我出去，說是秘密。

院長夫人的心情我因此可以理解一二，畢竟被兒女晾在一旁的心情的確不好受，彷彿外人。

所幸，我也能得到一點額外的服務。兒子研究運動科學，筋絡、按摩都得學習，而我就自然成了他的實驗品，讓他在我身上練習純陽掌，整脊、捏脊、拔罐等等，我照單全收，樂得放鬆一番。

我預約每星期一次，把多日來淤塞的血路暢順一回，兒子的臂力十足，又得自母親的中醫傳授，按摩起來舒坦極了。

我心知肚明：我們兩個老人家早不是他們人生的唯一，也不可能是第一，甚至會慢慢淡出他們的視界之外，而他們仍願意把我們放在重要的位置，經常把我們放在明顯的地方，我們已經感激不盡了。

有些時候，兒子功課忙碌，得與同學討論，或額外去當了義工，如果當天趕回家，再趕回學校，我擔心體力吃不消，騎機車返校比較危險，常背著太太偷偷去電要他不用回來了，可是媽媽捨不得，他還是依約回來探望我們，再趕了回去。

這些孝心，讓我爲難，一來是喜，二來是擔憂。

比起他人的孩子，早早展翅高飛，我們幸運多了。

可是這樣的幸福，絕非平白得來的。

院長及其夫人問我：「怎麼辦到的？」

付出吧。

我常告訴孩子，如果忙碌，我可以比現在多賺一倍或更多的錢，但我選擇不要，原因無它，想多陪小孩。

我很少自己玩樂，孩子常是我的夥伴，打球少不了他們，爬山也帶在身邊，泡湯、溯溪，他們皆在一旁，當我的小跟班。

我們還結伴上了長城，去了桂林，闖過陽朔，登臨吳哥窟，閒行東京……這些記憶很鮮明，莫敢或忘，那是幸福的泉源。

女兒喜歡藝文，應該與我從小就帶著他們欣賞莫內、畢卡索、高更、達文西，醉在樓蘭、秦始皇的兵馬俑與三星堆中有關。我並非要他們都當了文學家、藝術家，而是記得相伴而行的幸福。

我不知道，我們的人生還能有多少相伴？

即使只剩一次、一小時，我都心滿意足。

幸福在我看來，不難。

用心去做，他們就會提供值得的厚禮。

幸福與學問一樣，非經努力並不可得。——克雷

愛是一粒種籽，種下去，就有機會結出果實。
千萬別忘了愛在人的世界中的重要性，沒有了它，
醫生只是醫生，不是好醫生，老師只是老師，未必是好老師。

三件寶物

閻羅王答應老王，只要找著三件寶物，就可以提早投胎轉世。

「三件寶物？」

「是的，三件寶物。」

老王既驚又喜，他幽幽飄上樹梢沈思，設想如何得到閻羅王要的寶物。就在此刻，他意外發現一個有意思的故事。大孝村裡住了一對孤苦無依的母子，兒子每天一大清早天光初亮，就徒步陪著媽媽到遠方的市集裡賣菜，再折回學校上課。媽媽有些心疼，告訴孩子不必這麼做，自管自的去學校唸書就好了。

可是兒子依舊如常，起得很早，替媽媽把販售的農產品挑上肩，走很長的山路來到

市集，再走另一條路去學校上課，天天如此，無論風雨。

「累不累呀？」

兒子答得妙：「妳都不累了，我怎麼會累呢？」

兒子細心地幫累著的媽媽端上一杯茶水，恭敬地放到媽媽手中，等她喝完了，再自己小啜一口。

「怎麼不多喝一點？」

兒子總是說，夠了夠了。

事實上是那瓶水所剩不多，他想留給媽媽回去時口渴再喝。

老王覺得孝親是寶，趕緊把這個故事提出來報告，閻羅王面露笑容：「看來你找著第一件寶物了。」

還有兩件寶物，老王不知在何方？

他走著、走著，來到了原諒村，發現一隻怒火中燒的老虎隱身獵戶家附近的樹叢，準備伺機而動。原來獵人的槍火射殺了母老虎，牠一直想報仇。這時候的獵人已老邁，步履蹣跚，他打開門來準備盛水，對老虎來說這是絕佳的機會，只要蹬上去嘶咬，保證可以要了他的命。但這時老虎眼角的餘光窺見屋子裡還有一個更老的人，是老獵人的父親，他服侍得勤快、無怨無悔，父親一喊，老獵人飛奔似地立刻到跟前待命。

老虎觀察一整天，決定放棄報復，牠想萬一把獵人吃了，老父親怎麼辦？

多年來一直盛怒滿懷的老虎，因爲一個原諒，心結解了，回復以往的元氣，居然快樂起來。

閻王爺很開心的回應老王：「原諒的確是很好的寶物。」

老王決心加緊步伐找尋第三件寶物。

老王來到了大愛村，村子裡有位不富有的善人，平凡的賣菜郎，一把菜頂多賺到幾毛錢，他就利用這得來不易的幾毛錢，累積了一筆錢，幫助村子裡失學的小孩上學，而自己奉行儉約，唯一的娛樂就是工作賺錢，想幫更多人。

「辛苦嗎？」

「哪會！看著孩子們從不識字，個個變成滿腹經綸，可開心的了。」

賣菜郎一心想建一所貧窮人讀得起的希望小學，最後得到很多士紳的感動與支持，讓窮人家的孩子全都上得了小學。

閻王爺聽了也好感動，他完全同意，老王找著第三件寶物了。

老王得到了轉世權，臨行前閻羅王叮嚀他，必須把自己找來的三件寶物一併帶著，返回紅塵，做些有意義的事，這樣才不失爲人的價值。

孝順眞的很難，父母通常把最好的東西放進子女的碗中，而子女則是把最不想吃的放進父母碗中，閻王爺希望老王可以改變這則事實，讓孩子們知道如何把最好的東西留給父母。

原諒別人不是姑息錯誤或軟弱，而是堅毅與勇敢，因爲不懂得原諒他人，不僅他人受苦，連同自己也很苦，閻王爺期待這項寶物可以重返人間。

愛是一粒種籽，種下去，就有機會結出果實。

閻王爺殷切地告誡，千萬別忘了愛在人的世界中的重要性，沒有了它，醫生只是醫生，不是好醫生，老師只是老師，未必是好老師，作家頂多是作家，並非好作家了。

老王的投胎轉世案，准了，據說他將帶著這三件寶物重返人間。

能原諒他人是一件好事，
如果可以把它忘得一乾二淨，那就更好不過了。

——伯朗寧

富留子孫鐵定種下惡果，孩子將因而變得只知享受，不知義務是什麼？溫室中成長的花朵，不可能禁得住狂風巨浪，長大也只是象牙塔裡的人，不會推己及人，為富可能不仁，那並非社會之福，甚至還是禍端。

——富裕的貧窮——

美國《商業週刊》關於富裕病的報導，聽來有些危言聳聽，讓人禁不住擔憂起來，原來富裕可能比超級病毒還要恐怖，正在侵蝕這一代。

富裕病毒據說包括——

沒能力煮飯：被外食餵食習慣了，像家中豢養的動物沒有尋找新鮮、乾淨食物的能力。我的朋友告訴我一個耐人尋味的故事，直說不准笑，他的同事有一個就讀名校的兒子，有一天，他們夫妻有事出門，晚點回家，打電話要求兒子把冰箱的剩菜取出來熱一熱，自己用餐，兒子竟把盤子置於瓦斯爐上加熱。

友人信誓旦旦保證，這是事實，不是虛構的。

缺乏工作價值：忙碌的上一代，有了一點小錢之後，培養出來的就是不想工作的下一代，這樣的事情並非只出現在富豪家庭，即使小康，孩子也成了懶骨頭，不太有興趣透過工作取得財富。

我認識多位友人的孩子，有些已經三、四十歲，有些大學畢業沒有多久，截至目前爲止仍賦閒在家。他們未必不想工作，而是想要一種事少錢多離家近的工作，或者上天掉下來的禮物。

聰明反被聰明誤：新教育出來的孩子都有過度聰明的跡象，卻把它錯用在不對的地方。這些小聰明中多了一分私心，少了一分公益，對己有益的事就做，不利的事全閃，以致於消失了社會功能。

最後，連社會需求也跟著消失：這樣的人忘了讀書的目的是使用知識，而非背誦知識，工作的意義不止爲了錢，而是如何使用錢；當有一天出了社會，連這些道理都不懂時，便會挫敗退縮，以致於飽食終日，無所事事。

調查進一步指出，只要繼承超過十五萬美元以上財產的小孩，大約就有兩成願意放棄工作，坐吃山空。可以想像的是，他們最後一定落得一事無成；可怕的是，這樣的人愈來愈多，甚至失去奮鬥目標。

我擔心這股「富裕病毒」會從美國飄洋過海，來到臺灣。

憂心忡忡是有理由的，事實上我遇過不少這類的孩子，在物質無缺的環境中成長，變得彷彿一隻弱雞，毫無生活能耐，肇禍者就是寵溺的大人。孩子只負責讀書、考試，而他們一肩扛起家計，辛苦往肚裡吞，孩子完全不明白，金錢是怎麼來的？父母是否很辛苦？

牙醫朋友的孩子說：有錢很簡單呀，我跟爸比說，他就會給我了。但牙醫卻是從早上看診到晚上十一點才能取得報酬，他根本以爲自己是時薪很高的奴僕，孩子卻一無所知。

我不願意這種事發生在我家，很早就讓兒女明白，錢的確得之不易。我不算窮人，但常跟孩子叫窮，我讓孩子知道一本書的版稅只有區區的二、三十元，如果想獲得二、三十萬元，就必須有一萬個來自四面八方的支持者，掏錢購買我的書。

即使我的演講收入還算優渥，但堅持不接太多，以免壞了品質，總的來說也就不多了。電視節目有通告費，但我早已不太上某些胡言亂語、毫無質感的節目了，而優質節目如公共電視，通告費用通常就不太高了。

這些實情我從不隱瞞，孩子甚至嫌我講太多了，很煩人。只是我常這樣思考：如果不說，誰知道呢？如同我的父親從不說他愛我，讓我自己尋找證據，找了許多年。

孩子要求打工，我立刻舉雙手贊成，鼓勵他們嘗試各種不同的領域，至少截至目前爲止，我得到正向的回饋，他們宣稱，連一毛錢都很難賺。

他們透過自己的努力，得到微薄的待遇，扣除中間的開銷，所得就眞的不多了，原來一分耕耘只有一分收穫，此刻的他們也許會有更深的見解，並且理解我的辛苦了。

飯來張嘴、茶來伸手，絕不是我想像中的教育，我的小時候必須與父親一起生火、找柴薪，才能煮熟一頓飯，他們也必須如是。女兒很早就會做一些可食的餐點，她喜歡自己擀麵，做出來義式料理，很不錯吃，也能熬出一鍋南瓜肉片湯，料好味美。兒子的料理技術雖不及姐姐，但做些簡單、可以吃的東西，難不倒他的。

這些年來，有人開始討論起遺產，巴菲特信誓旦旦要捐出百分之九十九的財產，而微軟老闆比爾蓋茲，只留一億元給兒女，其餘全捐做社會公益。我不是有錢人，很難想及資產這件事，但我明白，留給孩子愈少，他們得的福氣就愈大。

如果每一樣東西都是他們自己賣力掙來的，理應會更珍惜的。如果可能，孩子唸大學的費用，就由他們自己貸款支應，這樣就讀大學更增添意義，而非只是花錢買學歷而已。讀完了，考試通過，然後就畢業的學習，讀與不讀的意義根本差不多。

我相信一件事：富留子孫鐵定種下惡果，孩子將因而變得只知享受，不知義務是什麼？溫室中成長的花朵，不可能禁得住狂風巨浪，長大之後，即使有了一點小成就，也只是象牙塔裡的人，不可能推己及人，具有同理心，替人著想，爲富可能不仁，那並非社會之福，甚至還是禍端。

與其給孩子魚吃，還不如送一根釣竿。

知足的人永遠不會貧，不知足者永遠不會富。
——愛彌兒

第二樂章

心的 印記

親子之間，最美的印記應該叫做回憶，而且必須用心織成，
讓彼此的生命圖騰中都有一大片書寫著彼此印記的動線，
有一天，即使分離了，
孩子有了自己獨立的家庭，還能打開記憶的扉頁，互相想念。

親子之間最美的印記，在我看來應該叫做回憶，而且必須用心織成。如果把記憶抽取，人與人便沒有什麼關係，頂多是住在同一個屋簷下，一組無關緊要的人而已。

我與兒女之間牽連的線絕非成就，而是彼此的生命圖騰中都有一片、或者一大片書寫著彼此印記的生命動線。有一天，即使分離了，他們有了自己獨立的家庭，還能打開記憶的扉頁，互相想念。

我與孩子用不同的方式書寫印記。

我有一本原先不讓孩子知道，後來家人全知道的回憶簿，從兒女很小開始，就負責把他們留下的隻字片語、斷簡殘篇全收集了起來，一張張貼在這個小本子上。我保留他們寫在衛生紙上的童言童語，運算數學的字條，罵我的話，塗鴉的作品，信手捻來的巧思，以及長大後的戀愛小語，第一封情書的草本……，真是族繁不及備載。

這些在他人看來極其簡單，沒有什麼作用，根本不是獎狀的東西，卻是平凡中的不平凡，它們是我生命中獨一無二的紀念品，當是唯一。

兩個孩子都是我的唯一，用心雕塑的，不可取代；但盼有一天，我在他們心目中也是不可取代的唯一。

常有孩子問我，難道考不好，父母就不愛我了嗎？為什麼考試必須對得起列祖列宗？其實我也不明白？

有一回與兒子相約打籃球，一個小朋友緊盯著我們，我不免心裡犯嘀咕：「看什麼呀？」孩子慢慢挪動身體，朝我走過來，輕輕喊我一聲：「爸爸，你可以陪我打籃球嗎？」爸爸？

這一驚非同小可，我當場發愣，半晌說不上話來，什麼時候多出一個陌生的兒子，在籃球場上認祖歸宗。我定睛，努力地瞧，一點也不像我，應該是認錯了，或者有人找來開我玩笑。

「爸爸，可以嗎？」

他第二度喊我爸爸，看來是認真的，我心中浮掠過一種聲音，很本能的，很想說，我不是你爸爸。可是我噤聲，站了起來，牽著他的手，站在籃球場上，陪他打球，孩子好開心地笑鬧著。

約莫黃昏，孩子要走了，問我明天可以再來嗎？

爸爸！

又一聲爸爸，驚出我一身汗，友人已經笑翻了。我偷偷把他拉到一旁：「明天叫我叔叔，我就來陪你。」

孩子點點頭，開心離去。

第二天，他還是叫我爸爸，看來他很期待有個陪他打球的爸爸吧，而他生活中真實的爸爸呢？

從事親職教育多年，我最感嘆的不是教育改革的變調，而是在不經意的蹉跎中，我們錯過許多美好的事。在我心中，最濃的緣分只是十二年，孩子是父母的；到了青春期，就成了友伴的；上了大學便是愛人的了，以致於結婚生子，悄悄便成了別人的、他的家人的。我們慢慢成了外人，一年只有三大節日屬於我們，一是端午，二是中秋，三就屬過年了。

十二歲，我們本該陪小孩遊山玩水、烙印回憶，卻因為種種原由而錯過。我們要他上學，逼他功課，求他第一名，希望他成龍成鳳，孩子於是遊蕩於補習班與安親班之間，僅僅在晨起梳洗的一刻，看他一眼，臨睡之前，矇矓的再望一眼。以致於友人問孩子多大了，便有人驚慌地答不上來，喃喃自語著，十歲還是十二歲吧。

孩子終究會長大的，壓力會逐日形成怨懟；而我們會老的，迷惑終究慢慢清明。五十歲的半百老翁常常告訴我：「不要成就，只要孝順。」可是說話的這一刻，貼心早已消逝，逆倫緩緩到來。

「他都沒有陪過我，為什麼我要陪他！」

幽怨吐出的實話，我愈聽愈多，愈來愈害怕面對。有幾回演講前，年近七旬的老者淚眼攔住我的去路，請我給他一點時間談談他那四十五歲的兒子時，還未開口，我已明白問題的癥結了，九成沒有意外，大約就屬孝順的事。

可是時間無法倒流，錯過的不會重來，我有何能耐？

一個在孩子需要他擁抱的時刻，從未擁抱孩子的人，老邁之年，用何種立場要求孩子們深深的擁抱自己？

其實我也曾經錯過，只是回頭得快，很快便靠上了岸。

當年我忙，早出晚歸，女兒的童言童語提點了我：「我不在，你在；我在，你卻不在。」我明白小小孩心中的大大涵義，她指的是我們無法交錯的時間。我大約是從那一刻開始，慢慢有著工作與家人何者為重的爭辯？最後決定，孩子在時，我務必要在。

那一年，兒子幼稚園大班，女兒小一，遲了一點，但還算來得及，我更改了我的生命地圖，把工作賺錢順延到第三順位，陪兒女玩樂順理成章進升到了第一順位，成了孩子的大玩偶。

而今兒女漸漸脫離春青期，長大成人，屬於他們的人生序幕正要拉開，可以預言的，我的「空巢期」快要到來了，不免有些慌張，忍不住偷問：「長大之後還會理我嗎？」

「放心啦，不會拋下你當孤苦老人的啦。」

兒女信誓旦旦打了包票。

我安心多了，我沒有錯過孩子的童年，看來他們應該不至於錯過我的老年吧。

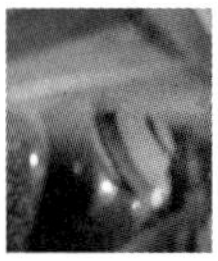

我們老愛說，長大再說，有錢再說，老了再說……但到了那時什麼也不必說了。很多事，現在不做，以後是不會做的。

很慶幸，孩子還小，我還不老時，一起做過很多事，這才是真福氣。

不再錯過

音樂家約夏·貝爾帶著一把價值不菲，約莫三百五十萬美元，一七一三年製造的骨董名琴，悄悄來到人潮不斷的地鐵站拉弦演奏，弦音曼妙，在空曠處流淌。將近一小時的演奏中，真正佇足聆聽者只有七人，最捧場的是一個三歲小孩，聽得入神，當天他得到三十二美元的賞金。

如痴如醉的演奏會，就在隔天進行，一張票上看數百美元，館廳裡擠得人山人海，座無虛席，館外一票難求。

其中不乏當時就在地下鐵與他擦身而過的觀眾，扼腕眼拙，錯過一場免費或者廉價的音樂饗宴。然而美好的事卻常如是，輕易錯過了。

成天忙於商場的友人，得知老婆罹患重症，徹頭徹尾變了一個人，親自下廚，洗手做羹湯，陪太太散步，與她一起上醫院做化療，可是好景不常，妻子依舊敵不過病魔摧殘，三個月後就撒手人寰了。他很感傷地說，太忙了，錯過與妻子營造最美的人生，想補卻補不回來。

醫生的兒子從十九樓一躍而下，留下一封遺書：最討厭唸書，最不喜歡考試，最不想唸醫科；最想爸爸陪，最想看電影，最希望快快樂樂。

兒子的最想，爸爸沒有一件事做過，他只想孩子繼承衣缽，當兒子往生之後，他才明白，人生中最珍貴的不是成就，而是親情。

他怨嘆自責，知道卻已遲到，失去的孩子不會回來。

我也錯過一些事兒。失智症尚未發作的媽媽，是個叨唸、煩躁、情緒反覆、憂愁，而且有妄想的人，我一時失察，沒能及時明白她的老人症狀，以爲只是單純的搗亂；這幾年來，病情急轉直下，速度快到我根本來不及反應，她已識人不明，時而我是弟弟，我是兒子，或者鄰居。

歲月推移，媽媽卻在我的錯過中早就忘了以前的一切。如果不錯過，我們會有更多值得回憶的母子時光。

人人皆會有錯，最好別太遲。

錯過的理由很簡單：

以為還有明天。

明天並不可靠，不然大禪師怎麼會說，很多人的一生中只做了等待與後悔兩件事，合起來就叫來不及。

我們常放棄眼前的幸福，但很賣力尋找不可靠的明天與未知的將來。

初醒的葉尖藏著的露珠常是最圓潤，我們卻得等到陽光普照，露珠化去，才想及它的美。

不急，慢慢來。

我們老愛說，長大再說，有錢再說，老了再說……可是到了那個時候什麼也不必說了。

很多事，現在不做，以後是不會做的。

年紀漸長，這樣的體會日深，很慶幸，孩子還小，我還不老時，一起做過很多事，這才是眞福氣。

有一天孩子眞的大了，我們也許老了，他們走向天涯，我們只能在海角痴痴巴望。

老像秘密一樣藏著。

我明白爸爸有很多話想說，卻老藏得深，隱在潛意識之中，他不說我便不得而知，最後我竟完全聽不著了。

颱風天，狂風暴雨毫無預警落了下來，發出悶沈的怒吼聲，音調有些嚇人，靜心觀賞《橫山家之味》，某些情緒竟被撩撥開來。

電影的畫面起於夏日，橫山家院裡的紫薇花開得璀璨，黃斑蝶在山坡上翩翩飛舞，導演透過靜謐的綠蔭、迴盪的鄉愁，藉由已經離家的成年孩子們返家與年邁父母共度片刻的夏日時光，隱隱約約扣住錯過。

一個看似簡單平凡的故事，在幽默溫暖，卻又帶點任性的氛圍裡，如同翻閱家族的老相簿，捕捉生命中點滴幽微卻又細膩的悸動。

橫山是小鎮裡的老醫生，士大夫觀念重，期待子女繼承家業。老大原本承擔重任，卻因救人不慎溺水；他把希望寄託在次子身上，可是他並不喜歡醫學，獨愛美術，是個藝術家。

父親未有過任何表白，兒子也未當面拒絕，形同秘密般，各自藏在心靈深處。他們透過一次次爭執、一次次淘洗，誤會慢慢冰釋，露出隱晦初現的光華，正當長夜將盡，晨光亮起時，老醫生病逝了。

原來人生就是如此，不斷的交錯，不斷的分手，再度交錯，卻又分手，分分合合的人生，是否無怨？

導演處理最後一個場景，感覺彷彿余光中的詩。
墓內是父親。
思念在墓外。
人聲停了。
音樂停了。
靜寂的畫面中，只有淚。

當我們虛耗時間，時間就會虛耗我們。
——莎士比亞

親子之間無從避免的，一定會有黃金交錯，目迎目送，通往不同的方向，最美的方式是給彼此「掌聲」。人生需要動能，動能來自掌聲，掌聲越大，人就大步前行。孩子需要這樣的送行方式，引領他通往快樂天堂。

送行

大學時代感情濃膩的老朋友，相互約定，輪流作東，在鳳凰花開的季節，無論如何找一天相聚，聊聊近況，說說心事，談起快意人生、哲思體悟，就這樣重起交集。七年來，說的話題年年不同，最早是慷慨陳詞，胸有丘壑，前有遠景，漸漸開始論老說禪，最後悄悄轉成育兒經。

這一年，由我主事，選定一間靠山面海的美景餐廳，一面輕食，一面聊天，遠處煙嵐飄緲，船影點點，話匣子打開，不可自休。

電影《送行者》不經意闖進話題，看似送往生者最後一程，其實藏了生死哲學，引人啓思，音樂極美，意境極富，人生意義極濃，果眞是好片。我不由自主讚嘆編劇的細膩，導演的手法一流，但友人的看法比較獨到，並且意有所指——我們都是送行者。

送行者？

我驚愕著，友人敏銳嗅出我的迷惑，馬上接口說，別緊張，是送孩子前行的人。

眞是妙解，我莞爾一笑。那一夜，我陷在沈思之中，心裡想著，如果我是孩子的人生送行者，該給什麼、或者該做什麼，才能陪他無礙前行，一生有用，無怨無悔？我想到了三個非做不可的角色：

當個伯樂。

史書記載，始皇帝有七匹名駒，追風、白兔、躡景、追電、飛翮、銅爵、晨鳧，功能作用各自不同；有的快如閃電，有的長征千里，跑快的跑不久，奔馳千里的跑不快，各司其職，成就其業。

伯樂當如是，他該知人善任，懂得找出千里之行，始於足下的合適者。父母是最好的伯樂，我們與孩子最接近，理應最懂孩子的特質，明白擅長之處。

這幾年常被問及過動的事，我不由自主滑過這個念頭：「萬一不動就更慘了！」父母之所以害怕過動，是因爲擔憂他不專心，可是伯樂懂得把好動的孩子放在嗜動之處，比方說運動休閒家、運動科學家、運動醫學家，或者運動專業人士。文靜的孩子，則可以引領他們當作家、藝術家、音樂家等。物理學家做物理，化學家研究化學，喜歡沈思的人玩創意，魚在水中、鳥在青天，焉有不成之理。

送禮的人。

健康、快樂是我以爲非送給孩子不成的厚禮。親子不可能相行太久，終須別離，孩子得獨立書寫自己的人生，足以一生受用的禮物，大約就屬健康與快樂了。

健康讓孩子走得長、走得遠，是長路；但如果不教，孩子不懂，不健康了，人生就變成短路。研究指出，擁有健康快樂之人的解壓能力遠勝過缺乏者，這點滿容易理解，試想生病時的脾氣是否差些，健朗時的應對進退是否好些？

健康者的人生充滿無限可能，二〇〇七年的諾貝爾獎得主萊辛女士，得獎時高齡八十八歲，萬一大師活短了一點，這個獎還眞拿不到咧，果眞幽默。人生長一點，可能的確大一些，這是實情。

健康的堅持，我身體力行，從小領著兒女穿梭在山野林間，爬山、溯溪、打球、浮潛、泡溫泉。他們擁有與大自然相處的十八般武藝，健康使之成爲陽光小孩，即使有了挫折，一個轉身也就忘了，應對失敗的能力強過了我。滿懷愁忿的孩子會冤枉太多時間尋找快樂，而且很難找著陽光，一輩子憂鬱纏身，煩惱枷鎖。

給孩子掌聲。

快樂來自掌聲，你給了嗎？

最近剛讀完龍應台的《目送》（時報出版），很有感觸。歲月交錯，父母將目送孩子漸行漸遠，而孩子則目送我們越來越老，一路到終點，最後，我們在墓內，他們在墓外。

親子之間無從避免的，一定會有黃金交錯，目迎目送，通往不同的方向，我以爲最美的方式是給彼此「掌聲」。我們都喜歡掌聲的，不是嗎？眞笨、豬頭、小心我把你送去資源回收、你有沒有腦袋，這些話沒有人欣賞的，孩子喜歡的是——

好棒哦。

眞是厲害。

怎麼辦到的？

你好強。

心肝寶貝。

人生需要動能，動能來自掌聲，掌聲越大，人就大步前行，孩子需要這樣的送行方式，引領他們通往美好的快樂天堂。

生命是一篇小說，不在長，而在好。——辛尼加

我喜歡孩子在廚房中幫我的忙，一如我的父親也如此期盼。
我終於明白，原來父親近庖廚，是想借由它與我們接近，
不善親子互動的他，只有此時此刻像個溫柔的人，與平常的他大異其趣。

復刻記憶

記憶無所不在，鮮少沒有摻雜父母的影子，烙印未必馬上複製，往往到了自己當父親之後，才由潛意識裡浮掠出來。

父親所賜的寶藏，並非名人雋語或座右銘之類的偉大哲言，而是一些生活細節，很小的事兒。他甚至不在乎別人喜歡得不得了的分數，一度誤解，三十五名比第一名好多了。我小學第一次月考就是考了三十五名，他竟欣喜若狂，與人炫耀，說我聰明絕頂，很長的一段時間被友人引爲笑談。

這些年來常被人形容成新好爸爸的我，曾在一本雜誌中被票選爲好男人代言人的第六名，我笑翻了，兒女更是不以爲然，直陳該刊物一定識人不明，公信力不足。可是無

論如何，我喜歡親近庖廚，打掃灑洗，風花雪月，琴棋書畫，絕對與父親脫不了關係。

像個藝術家，在唯美的廚房中做飯燒菜，上市場採買，是我一天之中美好的功課、修行的法門；閒散在市集中，看盡人生百態，並且發現一些相通的教育道理。有人以爲我旨在實踐教育理念，因而表現出好男人的形象，逼著自己提起菜籃走向市場，宣告自己宜室宜家。

這個形象其實是父親雕鏤的，而今鮮明復活。我的父親就是一個喜歡幹活的人，他的廚藝算不上頂尖，沒有什麼經典菜色，無法讓我像讀到的其他文學家的作品，從我的一支禿筆中，寫出一套屬於他的細膩食譜，但就是知道他喜歡在廚房裡磨菇。

廣東東莞講學的早晨，我在旅店用膳，無意中閱讀了一篇懷念父親醃魚的文章，深受感動，作者也因而學會這套魚的食譜。我突然頓悟一事：原來記憶是可以復刻的，鮮活地潛存於基因之中，傳承下來。

父親是個喜歡廚房炊煙的人，初時笨手笨腳，有時連點著已然乾燥的柴薪都得花上一段時間，弄得滿臉烏黑才算大功告成。汗珠早在臉上化成水，顆顆滑了下來，他輕輕一擦，水漬使得黑煙化成迷彩，一臉包公，他回頭咧齒一笑，我也偷偷笑了起來，平時嚴肅的他，此刻很像冷面笑匠。

爐灶煮飯費時耗力，耐心與細心兼備，他往往獨缺一味，飯硬是被烤焦了，回回乾笑應付，瞎編出焦飯最好吃的歪理。他在焦飯中加了菜脯、蛋與一些現採的當令蔬菜，撒了一點蔥花，夾心其中，咬起來酥酥脆脆的，果眞好吃，味道很像蔥油餅。

家有菜園與果園，務農維生，那一小塊地積累著我們成長所需的財富，倆兄弟必須在課餘之暇幫忙家務，最常利用寒暑假與父親一起騎上十公里的路，到山中果園採收成熟的金棗與橘子。父親喜歡自備未經煮熟的米、新鮮的菜，與一些自製的肉乾，像野餐一樣，忙裡偷閒，野炊中餐。我們初時是開心的，後來就有一點煩惱了，原本在家會把飯烤焦黃的父親，在野地常常烤成焦黑，根本難以下嚥，他卻吃得津津有味，還好有水果果腹，即使吃不飽也不太擔心。

這些記憶早已渙散，我以爲不可能憶起了，未料加味竄了出來，成了典範，在自己當了父親以來，不由自主地復刻父親的經驗，把它從他的身上，經由我，移轉到孩子身上。

果園早已荒蕪，即使這塊地依舊存在，並未出售，我也喜歡那樣的童年，可是依舊難以復刻。我無法像父親一樣，在果園的一角，砌出一座磚窯，我負責撿拾柴薪、弟弟挑水，父子一起燒出一頓意義深遠的午飯；但場景可以移至廚房，兒女隨侍在側。我終於明白，原來父親近庖廚，是想借由它與我們接近，不善親子互動的他，只有此時此刻像個溫柔的人，與平常的他大異其趣。

記憶這件事影響深遠，常常一個轉身，父親就上身了，我還是沿用他的老套路，甚至連說話的語調都很像。

父親不止是父親，我理解他可能還是孩子的典範，有其作用，值得傳遞下來，成爲下一代，下下一代，或者下下下一代的經世之略。

復刻記憶原來是這麼任重道遠的歷程，父親把它給我，我把基因傳給了兒女，希望這一份記憶圖騰孩子懂得，也把它復刻下來，傳給他的兒女，我的孫子，一代接一代，讓廚房有女人的味道，也有男人的味道。這麼一來，家事才不是苦差事，廚房將是歡喜之地，而非禁地。

我得好好再想一想，如果有一天，孩子樂於復刻我傳襲的記憶，那麼除了庖廚一事之外，我還得再加上什麼樣的新鮮佐料？

忠實活過每一刻，是達到生活滿足的唯一通行證。——巴克

人老是續演這樣的輪迴：不快樂時，想要快樂；不健康時，論及健康；
沒時間，希望常得空一點；生活紊亂時，想要優雅。
珍惜往往從失去後開啓，幸福這件事，只有「遺憾」可以叫醒嗎？

遺憾

淚眼潸潸的馬來西亞朋友R，心中藏了三段令其心碎的遺憾，我聽得百感交集。

他的父親是個很像父親的人，威嚴、易怒、專斷、說一不二，苛求、好勝、凡事要求第一，讓他疲於奔命，經常爲了兌現期待，做出超過自己能力的事，盤旋於怒氣與責備之間，漸次由愛生恨，厭惡極了父親。他們談不上父子情感，長大後，他有了工作，更是慢慢生疏，沒有太多的交流；即使有也是客套話幾句，上了飯桌各自悶著頭狂吃，氣氛詭異。

「很忙嗎？」

偶爾，父親在沈默中插出一語，問他工作近況，這是身體逐日不佳，行動有些不方便，頭髮花白，甚至有點健忘的他最常問的一句話了。

「還好！」

友人的回答總是如一的簡單，對看數眼，淺笑一下，各自回房睡覺，隔天一大早，他又得從灰白的煙嵐與晶瑩剔透的晨露中趕回職場上班。規律化的探視，只是責任，不得不的親情，他的確不願如是，卻熱情不起來，很難承歡膝下，與父親沏一壺茶談天論地，說說心中的事。

直到父親生病，時間急遽加速，他方才了解父親非妖怪，不死之人，終點原在前方，焦慮之心溢於言表，開始頻繁返鄉訪視，即使仍說不上什麼貼心的話，一如過去他的父親一樣，冷冷望著。

「身體還好嗎？」

不笑的臉上有些帶霜。

「還好。」

父親的反應有如以前的他，如一的簡單。他完全沒有料到，親子配額已快到終站。有一天，家人傳來急急如律令，告知父親病危，他匆匆結束會議，飛車返家，可惜晚了一步，就在他進門前一刻，父親駕鶴西歸，沒有留下隻字半語，抱憾斷氣。

那一天，他聲嘶力竭地狂哭猛叫，但人生如是，它是單行道，不是雙線道，不會回頭的，只徒留滿心傷痛。

女兒是他的第二段遺憾。

友人習得父親冷淡的眞傳，很怕與人溝通，君子之交往往淡如水，少了一點熱情的人，很難與人成爲知己，家人也用沈默對話。後來工作忙碌，就更少與家人相處了，常常忙到半夜，慣性地進到女兒房間，打開夜燈，看一看，再輕輕掩上門，彷彿已盡到爲父的責任，從他口中很難期待甜言蜜語。

女兒小時候，作文簿上最常寫著：最希望看見爸爸，最想抱抱爸爸，最愛爸爸帶她去旅行，可是這些願望他一樣也沒有完成。怎知一下子女兒就進了國中，有了青春期，而他在歲月淘洗中漸漸理解親情的重要性，很想親近女兒，卻輪到她耍酷了。

當他伸手想去抱抱女兒時，她本能的後撤幾步，大聲咆哮：「別碰我，否則告你性騷擾。」

帶刺的話，不禁使他痛徹心扉，淚再也止不住滑落，心中暗自竊問：「怎麼了，我做錯了什麼？」

離婚是他潛伏的痛，大約是在女兒小一時簽字的，工作狂的他，遇上浪漫主義的太太注定死棋。他希望工作趁年輕，老了可享福，她以爲玩樂趁現在，不玩會後悔；他想有老本，她覺得清貧也樂。溝通多次，沒有交集，只好黯然分手。

這些年來，年紀漸大，他開始無法自抑地想著太太，戀著女兒，思念父親，原來忙這般害人，讓人擁有一切，卻也失去一切。

彷彿宿命，放下時想提起，提起又放下，珍惜往往從失去後開啓。

他好想人生重來，卻換都換不來。

人老是續演這樣的輪迴：

不快樂時，想要快樂。

不健康時，論及健康。

沒時間，希望常得空一點。

生活紊亂時，想要優雅。

我迷惑想著，幸福這件事，莫非只有「遺憾」可以喚醒？

在我們了解生命之前，大約已把它消磨一半了。

——赫伯特

有一天，記者來訪，問了一個有意思的問題：「你對孩子最大的期待是什麼？」
這回我有答案了：健康、快樂、愛我。
是的，愛我就好了，至少表示，一輩子，孩子對我的一種惦記。

父親節禮物

女兒很早預告，父親節會來點特別的。

特別的？

她用英文再說了一遍，引發我的好奇，再三逼問。她笑臉迎人，搖搖頭，不說就是不說，我把矛頭轉向兒子，他也未置一語，直說不知情。

我從七月底等到八月初，很快來到了八月八日，起床便惦記著禮物。

它是一年來表現的總體檢，到底是不是好爸爸，今天可以一窺端倪，兒女看出了我心思，頻頻偷笑。

接近晚上八點，禮物竟然還沒有著落，我知道被戲耍了，他們一定存心作弄我，想找一個良辰吉時，把禮物交付我的手上。

但，我可等不及了，脫口而出：「禮物呢？」

女兒答得乾脆：「別吵。」

兒子在一旁偷笑著，我眞怕他步姐姐後塵，也說出戲弄的話：「再吵，就不給你禮物了。」

我閉上了嘴，靜候佳音。

八分鐘之後，也就是八點八分，緊閉的房門打開了，兒女同時現身，手上端著一紙信封，口裡唸著：「父親節快樂。」

等了半天原來是一紙信封，藏有什麼秘密好禮物呢？錢的可能性極微，因爲他們倆姐弟，一直很像鐵公雞，有錢不給的。更重要的是，他們還沒有工作賺錢的能力，紅包一事絕對不可能；禮券？應該也不可能，除非有人送他們，轉贈給我，但我們家並非豪門宅第，沒有這類朋友……

正當我還在沈思之際，女兒開腔了：「你不是等很久了嗎？還不打開來看。」沒等我回話，女兒逕自取出禮物。

原來是一疊紙，我的心開始犯嘀咕，等這麼久，得到的竟是一疊紙呀。但是當這些紙游移在我眼前時，我隨意翻閱，添了感動。

每一張紙都具備一種功能，比方說：

按摩券，可以按摩一回。

搥背券，可以免費搥搥背。

洗衣券，幫全家洗衣一次。

掃地券，負責讓家中的灰塵不見了。

最令我好奇的是請勿券。

什麼是請勿券？

我好好拷問一番，兒子答稱，請勿券眞的很好用，萬一到了百貨公司，他一直吵著購買玩具，這一張便像尚方寶劍了，請勿券成了「請勿購買券」；如果太吵，也可以使用它，成了「請勿吵券」，依此類推。

兒女開玩笑：「時限只有一年。」

當天我使用了一張按摩券，兒子臂力驚人，按摩開來全身酥麻，父親節之後一段很長的時間，一疊禮券在手，樂趣無窮。

父親節當天，兒女小小的幾張紙，讓我看見了「心意」。大人對孩子有心，孩子就會有意，原來人是這麼容易滿足的，只要做對了，事情無論大小，都會滿心愉悅。那一天，我鄭重宣布，今後生日不要禮物了，但要有「心意」。

但，何謂心意？

我一時半刻也說不上來，也許是托爾斯泰所言的——一切利己的主張，一種私心；或像是納索夫的講法——一種樂觀、愉快、豁達、忍讓的寬宏大量，讓消沈、惱怒得以消失。

無論心意是什麼？我都希望內容裡有著彼此牽掛的成分在內，這才是眞心意吧。

孩子們很難明白父母怎樣愛他們，除非等到父母離世，他們也當了父母之後。

——柯克

人與人之間最美的事，不是我們一再在意的成就，而是親情。
讓自己與家人之間，有一條隱形的紅絲線繫著，使生命變成有意義的組合；
讓我們和兒女之間，有些值得一提的經歷，它是共有的，不是分岔的。

回憶簿

書櫃中，藏了一本時光讀本，灰塵一溜煙跟著灑了出來，把我嗆出幾聲咳。記憶的影子閃過，很多隱身在潛意識，原本不可能再出現的事，紛紛飛了出來。

發黃的回憶簿，數一數可有十多年了，它是兒女的成長資料，剛開始只是一個有趣的開端，我想偷偷背著太太，把孩子從我眼前發生的一些事兒拓印下來，讓時間靜止，沒有料到一發會不可收拾，慢慢成了一種習慣與癖好，說不上來的癮頭，不做竟不成似的。

「人生中最珍貴的是什麼？」

朋友的提問，讓我一時半刻竟答不上來，發愣了好一會兒。他帶著憨厚的笑容提點我：「專家說的都是學理，課本內的論說，是技術性的，爲的是功成名就；但平民百姓要的，卻是眞實的，有感受的，看得見的，有紀念價値的，以後好用它當成回憶。」

他覺得「回憶是一切」，缺乏値得一提的親子關係，人與人之間就會從親密化成疏遠，根本不値一提了。

他的尋常話語，重重在我心上敲了一記，靈光閃過一些東西。

我反問：「你有回憶嗎？」

他領我進了書房，一個筆筒，鞋子形狀，金色的，鍍了銅，端正地躺在書桌。那是兒子穿過的第一雙童鞋，他花了一點小錢拿去請人鍍了銅，收藏起來，讓歲月定格。

牆上有畫，我一眼便可辨知衣服、褲子、襪子……，不用分說，又是一個第一與唯一，他洗過、燙平，帶去書畫店裱裝，成了一幅舉世無雙有意義的畫。

他的「初心」單純，就是想讓自己與家人之間，有一條隱形的紅絲線繫著，讓生命之間變成有意義的組合，而不是像動物一樣，養大了，只顧著勞燕分飛。

回到家，輾轉反側，眼睛闔了又閉，閉了再闔，反反覆覆好多回，想著朋友說的事，終於明白回憶是一切的意思：人與人之間最美的事，不是我們一再在意的成就，而是親情。

大約從那一天開始，我成了太太口中的拾荒者，把兒女寫的、畫的、說的，全部收

了起來、錄了下來，放進一個叫做「記憶簿」的地方。我的收藏完全不拘材質與價值，衛生紙上有三個字，寫著笨蛋爸，我也小心翼翼收了下來；回收紙上畫了一個小矮人，寫著○•○二公克的臭老爸，我還是收而藏之；女兒在牆上畫了一幅畫，大意像是十堂會審，對象是我，說我是全天下最爛的壞蛋，有這種老爸爸，眞是倒楣，我用相機拍了下來，存了起來。

再次翻閱時，我已從拾荒者，化身成拾荒「老」者了，時光如梭，這些年，兒女也喜歡閱讀這本回憶簿了，姐弟倆常常翻到咯咯笑著、嚷著：「這是你寫的，還是我寫的？」

太太怪我：「花了那麼多心思收藏，也不寫寫年月日、出處，這樣怎麼認？」何必清楚呢？太眞了，就有些假了，有一點似是而非，矇矓不明的，不是更美嗎？

還好，有這本回憶簿，讓我們返老還童，醉在浪漫的過去，少了它，或許連最起碼的記憶，也就跟著一併消失了。

一個有夢的家庭，有如沙漠甘泉，
湧出寧謐與安慰，使人洗心滌慮，怡情悅性。

——蘭尼

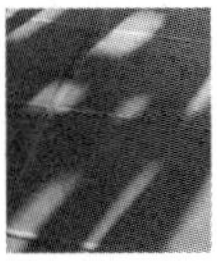

何謂好爸爸？大人的答案清一色都是不怕辛苦、勤奮持家，給孩子最好的；孩子的答案卻是，多一點時間陪他們，講故事給他們聽，知道他們的心事。原來大人只給大人想給的，至於孩子想要的，卻忘了給了。

兩個夢

颱風過後的一個溫煦午後，我開車往海的方向前進，筆直的海岸線很快映入眼簾。我把車子停了下來，換上抓地力良好的雪鞋，沿著觀賞步道進入熟悉的岬灣。我可內行了，那裡是漂流木的聚落，品項繁多，由於搬運困難，常常一擱多年，乏人問津，讓我有機會隨意選料。

這一回，似乎錯了，我的寶地闖進了一個人，從髮色看，鐵定是位花甲老翁，笑咪咪向我走來，問我是否也來撿漂流木。

我未敢說謊，點點頭，他承認無意中發現此地藏了很多陳年漂流木，如獲至寶，常來此挑貨。我們倆並不衝突，我撿拾的是一些斷木殘枝，用來製作燈具，或者當成種植蘭花的器皿，而他則專撿成材，用來當花園造景。

他叫老楊，我們後來成了忘年老友，也漸次明白他隱伏的故事。

他的努力工作源於兩個夢，在最近十年陸續完成了，結果卻無喜悅，反而添得許多傷感。

老楊是位廚師，謙稱不算什麼名廚，但在五星級酒店上班，該是一號人物吧，八成有手藝，許是風評不錯，才會升爲宴席掌舖的。但也因爲如是，幾乎天天從早忙到晚，當宴席結束，餐廳熄燈，還得收拾道具，回到家大約已是夜深人靜的三更半夜了，他經常佇足在兒女房間，看看他們的小臉蛋，摸摸臉頰，親吻額頭，再回去沐浴更衣睡覺，明天繼續重複這些動作。

時光飛逝，兒女逐日成長，含辛茹苦拉拔大的孩子都有點出息，於是他花了大筆銀子，一個個送出國唸書；老大唸了工程博士，留在當地工作，老二學歷史的，則在當地大學教書，最後的小女兒則從奧地利音樂學院畢業。老楊終於放下工作飛往北國異地，參加畢業典禮，這可是他第一次出國咧，至此之後，三個孩子全單飛了，家裡只剩下他與太太兩人。

他突然有種悵然若失的感覺，彷彿他越是努力，與孩子的距離愈遙遠，與他們的關係愈是陌生。

第一個夢完成了，孩子各有成就，準備飛翔，倆老頓覺孤單。

他按月儲備一筆錢，買了一塊地，這十年來，慢慢整地蓋屋，築起一間可以容納十個人以上的宅子，他想如果孩子都回來，房子一定夠住，他可以含飴弄孫。怎麼也沒有料到，當房子即將建成之際，第二個夢跟著完成之時，孩子來信告知，他們已決定在各自旅居的國度落地生根。

他的孩子其實還算孝順，常常與他們視訊聊天，但卻少了一點真實感，畢竟千里迢迢，難免空虛。

老楊帶著神傷的心情，把辛苦打造的華樓售出，換了一間只夠夫妻同住的小房子，有一座小小的、可以蒔花弄草的花園，把多餘的錢拿來成立獎學金做公益。

有一段時間，他們經常不自主的跌在時光機裡，想像自己未老，孩子很小；後來便好多了，他們把兒女以前的照片、私人物品做了一番整理，分別打包，準備寄去美國、法國與奧地利給三個子女，其餘的，能扔全扔了。

我問他有無想過出國與其中一個孩子同住，他苦笑回應，住不習慣，何必試呢？更難的是，孩子各有家庭，另一半未必歡迎。他太太勸他死了這條心，再過一次倆老生活比較實在。這些年，他們把心思轉往安樂居的打造，我去過他家幾回，真是麻雀雖小，五臟俱全。

可是，遺憾仍藏不住的，寫在眉宇之間，我看了禁不住也有些傷感起來。

老楊很感嘆地用詩的形式說出這樣的話：

成就，原來是一段親子距離。

成就越高，距離越遠。

離心尤其遠。

我在演講時問過大人與小孩同一個問題：

何謂好爸爸？

大人的答案清一色都是：努力工作，勤奮持家，不怕辛苦，給孩子最好的，自己苦一點無所謂，任勞任怨等等。

可是孩子的答案卻是：給他們多一點時間，多陪他們，講故事給他們聽，知道他們的心事等等。

大人與小孩的答案南轅北轍，我看出問題所在了——原來大人只給大人想給的，至於孩子想要的，卻忘了給了。

唐朝劉希夷在《代悲白頭翁》中寫道：「年年歲歲花相似，歲歲年年人不同。」此刻讀來更有感觸。時間也許是最不值錢的東西，但也是最寶貴的了，浪費了它等同失掉了一切。

老楊希望擁有時間回溯器，他最想回到兒女的童年，那個時候他最賣命，可是也失去最多。

如果我現在出題考他——

有時間最想做什麼？

他根本不假思索就能回答：好好陪小孩，教他們多一些人生義理吧，並且理解老人的心境。

家是身體的住所，更是心靈的寄託處。

——黑耶

如果沒有媽媽的善，也就沒有今天樂於助人的他，朋友就不明白他的好，他就如同一般的業務員，成了拉保險的人。但善念進駐之後，如虎添翼，增了魔法，他的錢開始會飛，飛到需要的人身上。

善的身教

南山人壽的高許定經理盛情相邀，約在一家吃慣了，有點上癮，名曰「何首烏」的餐廳用膳。

這家店強調完全不用味素，以天然菜餚中的酸甜苦辣提味，清淡醇香，吃後回甘，並以何首烏皇帝雞聞名，純中藥燉煮，滋補強身，延年益壽，營養補給，增強體力與減少疲勞。

老闆與我們閒聊，提點何首烏原係人名，不是藥材，甚覺有趣。

童年話題藏著趣味，越談越入味，挑撥出來的議題越是廣泛，偶然交錯，發現童年如此相像。

雜貨店成了意外交集，我家開雜貨店的，給人賒欠；而他住在山區，只有一家雜貨店，他家則是長年賒欠的人。記憶深刻的一事是，他常低著頭從後門掩身而出，不好意思地潛進街口的雜貨店中，賒欠一斗米，一斤糖，半包鹽，與數量多到記都記不清楚的南北貨。

許是沈重，他常自卑，深怕雜貨店的老闆，那一天卯起來跟他討債。這種事情當是沒有發生，可是心裡的烏雲卻一再盤據，沒有散去。

我怕人家來店中賒帳，他怕到雜貨店裡賒欠，心情一樣沈甸甸的，卻有著出其不意的迴旋，最後看見陽光。

他說身教是一帖救贖的靈丹妙藥。

的確如是，我從父親身上學到了難捨得捨，來得去得的風華。他說，賺得到的一定是我們的，賺不到的，應該就是別人的；他的豐富哲理，直到我離開朝九晚五的工作場域，成了布施教育的演講者，才有更大的體會。

演講量愈多，錢賺愈多，演講的品質勢必愈差，人就愈忙，健康就失去著力點，一得一失。

賺得到的，才是我的；賺不到的，就是你的；閻王將來要，那是他的。這些別人看似很有哲理的開悟，其實父親早早提點。

寬裕之後，他的媽媽突發奇想，想開家雜貨店，讓人賒欠。他說自己曾是賒欠者，知道欠錢的苦，這家雜貨店成了鄉人的賒欠站，來此賒欠的，不以爲苦。

身教吧。

他做了很多有意思的事，包括長年買書送客戶，花錢辦人文之旅，帶客戶去拜訪有意思的人，到溫泉會館泡湯、吃飯、聽演講，花了很多原本該藏於口袋的白花花銀子，卻樂在其中。

這是老媽媽教的，千金散盡還復來，更難得的是，從中賺到了開心。

雜貨店終於開幕了，他已非低頭賒借的小傢伙，而是笑咪咪的記帳員；他媽媽說不用催討，因爲有錢的一定會還，沒有來還的一定沒有錢。

我聽了大笑不止，這與我父親的說法有著異曲同工之妙，難道善念這件事會心心相連，在同一時刻做著類似的事？

身教讓他的善念等比繁殖，他努力工作賺錢，再把它用在有意義的事情上。樂善好施的他，除了助人，也回饋保戶，年年贈書予人，我是最大的受益者，一本談及善念的新書《天使補習班》（九歌出版），他一口氣訂了五十本，《再忙，也要很浪漫》（時報出版）加碼訂了一百本，贈予有緣人，讓我好生感動。

解釋這個人極難，但隱約能從他身上發現身教的重要性。

如果沒有媽媽的善，也就沒有今天樂於助人的他，朋友就不明白他的好，他就如同一般的業務員，成了拉保險的人。但善念進駐之後，如虎添翼，增了魔法，他的錢開始會飛，飛到需要的人身上。

能賺錢是榮耀的事，但他很捨得分享。

受歡迎的人，要嘛做好人，要嘛學人做好人。

——德謨克利特

人生並沒有誰可以絶對贏在起跑點，重要的是終點。年紀不同，什麼都不同，人是不該被妄下斷語的，像種籽一般，只要有水、適當的肥，誰都能成長茁壯，而非只是那個第一名。

三十三年的同學會

三十三年後的第一次同學會，經過歲月淘洗，一個轉身，童顏換做老妝，黑髮成了鶴髮，樣貌全變了，有些人幾乎完全認不得了。

十三歲到十五歲的國中生，正值青春期，荷爾蒙在身體內形成一股洪流飆速前行，眼睛是斜的，嘴是翹的，話是衝的，看誰都不順眼。那一年，我們正欲轉大人，人人有大願，卻又亂糟糟，有了目的地，但不知如何前行，在懵懵懂懂中摸索。

記憶中的學校，附近有稻田，田邊有溝渠，渠內有魚，下課撈魚是孩子們的玩樂，常常弄得一身污，鐘聲響起，狂奔進廁所洗滌，慌亂進教室坐定，把魚兒放進水桶藏了起來，放學帶回家加菜，成了母親口中懂得孝敬的好孩子。

朗朗讀書聲與宜蘭農校枝頭上鳴唱的貓頭鷹，不時發出咕嚕咕嚕聲，聲聲交錯，神秘且古怪，吸引我們，一晃神就分心，側耳傾聽，最後偷偷前往探秘。我們脫下鞋，拎在手上，躡手躡腳的，仰起頭看個究竟，在滿樹黃花、顏色斑斕之間，果眞有幾隻貓頭鷹正在打盹睡大覺。牠們先是一驚，繼而拉屎，不偏不倚落入同學口中，我們大笑，一哄而散，這笑聲恍惚間流過了三十三年，我仍依稀聽得見。

青春期最大的一場戰役叫高中聯考，額頭上、心靈裡全綁著「必勝」，有如戰士上沙場，唱著「風蕭蕭兮，易水寒；將士一去兮，不復返」。老師用盡辦法，鼓勵、訓誡兼恐嚇：萬般皆下品，唯有讀書高，好激勵我們當一回事，寒窗苦讀，豪取功名。懵懂的我們信了，拚足勁，爲了一個叫做「前途光明」的願景展開聖戰，即使當時根本不清楚前途光明長成什麼樣子？

聯考遠了，老驥伏櫪不再出征，學校周圍的水稻田已然成了高樓大廈，野溪加蓋悄悄淪爲排水溝；一彎清澈的流水，萬頭鑽動的蝌蚪，悠遊自在的小魚兒，草叢嘶鳴的夏蟬，還有等著捕蟬的鳥兒等等，有如食物鏈一樣，悉數消失。

猛然回神，我老了，提前抵達餐館，坐定位置，等待多年未見的老同學，他們彷彿事先約好的，魚貫而入。有人樣貌依舊，一眼就辨出，卻喚不出名字；有人即便說出名字，講了豐功偉蹟，壓根兒沒什麼印象，彷彿路人甲。哎，許是老了，連同記憶也不管用了。

聯考的背誦題我都考得不錯呀，哪裡多高？什麼多長？東北有三寶？最深的海溝在哪裡？記得一清二楚，何以關於同學的事，便不經意遺失了。

每個人都帶笑，不笑還好，笑了就不得了，看得出心虛，記憶力失常漏了底。原來不止我一個人出了差池，同學們紛紛陷在回憶中，努力搜尋每個人的名字；密密麻麻的皺紋暴露，額頭有五條線，嘴角有法令紋，眼角則有魚尾紋，年紀也露了餡。韓愈所言的「視茫茫，髮蒼蒼」眞實呈現眼前，花髮半白，頂上半禿，肚子雄偉，身材變形者，比比皆是。

三十三年間，到底經歷了何事？

讀書、工作？

結婚、生子？

漸漸老了！

三十三年，如果是一個科學實驗，確實夠長了，累積足以說明一切的信度與效度，驗證理論的眞實性。

萬般皆下品，唯有讀書高，眞的可靠嗎？

我隱身餐廳的一角，靜靜觀察，發現班上那些成績優異者的確選擇當了醫生與科學

家，可是也許太忙、太累，成就一事反而在他們身上堆疊出風霜，憔悴、老成的臉上缺乏歡樂氣韻，韶光提早用盡，蒼老引著他們進入耆宿之年，錢是有了，但美好生活呢？

某些在班上求學時不具優勢的人，出了校園竟成了鋒頭人物，在場域中獨領風騷，是某一個行業的先行者，他們展現的才華比起第一名，根本不遑多讓。

原來人生是無法預知的，優秀者恆優秀，魯鈍者一直魯鈍，並非眞理，轉彎處就有天堂。

人生並沒有誰可以絕對贏在起跑點，重要的是終點；腦子靈不靈光也非成績決定，或者青少年時就已蓋棺論定。它具有「用進廢退」的道理：只要常用頭腦，笨的也會變聰明；不用了，聰明的還是會變笨的。科學隱約證實這點，喜歡讀書的孩子最終勝過會讀書者，因爲喜歡讀書是習慣，會讀書是天分，努力比天分重要。

那一晚，快語暢笑之後，就是歸期，月明星稀，我開著車踏上回程，沿途不停閃過

三十三年的事，意外添得些許哲思，我想起很多人的青春年少。

侯孝賢曾自爆青春期像個賭徒，犯著賭癮似的，家中的東西，什麼都賣；可是年近半百時，卻成了知名導演，拍過《悲情城市》等名片。年少輕狂的李安也是個不愛唸書的孩子，成天翹課看電影；青春情事早遠颺，如今他已是拍過《臥虎藏龍》的世界級大導演。我尊敬的黃春明老師，青春年華是在退學中流浪而過，後來卻成了鄉土文學的大師。青春原來只是人生的轉捩點，並非終點，迷惑的青春期需要領航員，把幻化無窮的孩子領向正軌，慢慢啓航。

這一刻，我竟突兀的想及蔣捷〈虞美人‧聽雨〉：

少年聽雨歌樓上，紅燭昏羅帳。
壯年聽雨客舟中，江闊雲低，斷雁叫西風。
而今聽雨僧廬下，鬢已星星也。

年紀不同，什麼都不同，連聽雨的心境也各有不同。看來人是不該被妄下斷語的，像種籽一般，只要有水、適當的肥，誰都能成長茁壯，而非只是第一名。

看見自己的缺點，把它改正過來，就是優點了。——普卜利西爾

文憑有兩個面，把書讀得有用、好用、管用，文憑會成為寶貝；
悠遊三十載卻仍不知所云，有如敝屣，不堪使用，這張文憑就是紙了。
兩者的差異，端賴把書讀成學歷？還是學問？

有用的知識

林太乙女士所寫的《林家次女》（九歌出版）一書，出版年代久遠，我約莫在十多年前讀過一遍，許是時間消磨，文字漫漫，記得不清不楚了，借由書房再造，我從封凍的書堆中，撥了撥煙塵，找著它的身影，再次展讀，竟有了不同的感觸。尤其〈爸爸不要我上大學〉一文更讓我喜出望外，添得知音。

林太乙女士在文中寫道，她初時並無法理解父親的心意，甚至迷惑，林語堂自己飄洋過海求學，爲了一圓爺爺所謂「讀書成名」的夢，費盡千辛萬苦取得博士學位，怎麼可能會要求自己的女兒，連大學都別唸了。這個謎團最後從〈讀書的藝術〉一文，得到解答。

文中引證杜威的想法：讀書是一種冒險。法朗斯則說：讀書是一種靈魂的壯遊，隨時可以發現名山大川，古蹟名勝，森林幽谷，奇花異卉。而今，讀書卻已變成分數的苦役，旨趣完全不見了。

能力才是關鍵！

林太乙的確辦到這一點，曾在聞名國際的《讀者文摘》擔任過總編輯、社長等職，靠的就是出色的中文底蘊。

這些年來，美國常有學者提出「教育無用論」，丹尼爾・克姆頓就是其中一位。他甚至寫了一本發人深省的書：《教育爲何是無用的》，文中直陳教育讓人喪失了本性，變得麻木、自命不凡，得意昏了頭，所學的無法爲社會所用，或者無益於社會，這些人也許是人才，但未必有用。

這些話語宛如暮鼓晨鐘，給人當頭棒喝，相當符合社會現實。有些人接受了專業訓練，人才一個，卻成爲社會的負擔，一種負數，根本沒有發揮所長。

一流好？抑或有用好？

我辯證多年，直覺有用勝過一流。

一些人頂著專業光環，卻在電視上販賣僞知識，根本無益。大學教授甘爲政治工具，生技專家利用專長牟利，醫生利用專業進行風險極大的手術，利益當前，人人成了

「專業的騙子」。最可悲的是，花了二、三十年讀書，竟然學非所長，或是學無所長，無力餬口度日。

難怪林語堂會認為只為了一張叫做文憑的紙，虛擲數年功夫，是不值得的，枉費讀書的目的。求學只是拼圖，一片一片拼了上去，直到最後一片拼上，就是畢業，他自嘲地問道：「你說這笑話？不笑話？」

林語堂文字如刀，把大學比方成菜市場，論斤計兩，中文一斤七元，英文一斤五塊六，數學一斤九元，繳畢學費，就可以得到博士學位的嘉許。

人生不長，讀書與工作花得最長，三十年讀成一個學位，如果無法利益眾生，自我安頓，讀書何用？

我有一位老友，以五十二歲高齡取得博士學歷時，旁人向他道賀，我卻有些矛盾與心酸。

想必長年苦讀下來，這一刻當已鬚髮斑白，雙眼無神，體力耗盡，還有下一個五十年嗎？或者三十年？二十年？工作初始，他勢必戮力演出，十年後，就六十二歲了，還要再一個十年嗎？如果不就此嘎然停止，繼續再一個十年，就七十二歲了，還有餘力嗎？如果停止，一生奮戰不懈所為何來？

我明白有人需要一個學歷，因為少了能力，沒有學歷，也許連最卑微的東西也要求不來；可是爲何求取功名多年，竟落得除了讀書之外，一無所悉，情結又在何處？

萬一工作十年就已疲態盡露，人生會不會就此前功盡棄？

林語堂所謂的讀書至樂，大人的見解比不上小孩。我問過無數聽我演講的高中生，他們明白自己能做什麼，而且想朝此目標前行，但不明白爲什麼要一直考試，爲何得像個超人般什麼都會，爲什麼九十三分鐵定比七十四分聰明，更不知這樣盲目讀書何用？然而大人們就是信仰書中自有黃金屋。

我突兀地想及吳敬梓的章回小說《儒林外史》，橋段之一的〈范進中舉〉，把書呆子諷刺得淋漓盡致。

范進中秀才時，他的岳父胡屠戶依舊瞧不起他，認爲是主考官同情，沒什麼好炫耀的。范進想再考鄉試，借點盤纏，還被臭罵一頓，怎料到果眞中舉，敲鑼打鼓報喜的隊伍前來，他卻得了個喜瘋，文章讓人看了揪著心咧。事實上，絕對不止一個范進。

若因而論斷，教育無用？

那也有欠公允。

文憑其實有兩個面，把書讀得有用、好用、管用，文憑會成爲寶貝；悠遊三十載卻仍不知所云，有如敝屣，不堪使用，這張文憑就是紙了。

兩者的差異，端賴把書讀成學歷？還是學問？

怪不得有人如此玩笑：沒有學問只得靠學歷，沒有學歷只好碰碰運氣。
英國的兩句俗諺，此刻讀來就更有意思了：
一技在身，隨處容身。
習百藝者，無處安身。

教育不只是教人不懂的知識，而是引導人持續不止的追尋。

——羅斯金

第三樂章

濃情 蜜意

家對一個人的影響，絕非只是單單一種成就，
它是全面的，包括人格。
如果缺了情、少了慰藉，家人何異於外人？
如果家無法癒合傷痕，療養創痛，
談天說地，相互告解，會不會只是一棟設備齊全的旅館？

家、房子與建築物三者之間的關係，在我腦海裡反覆思索，我有些迷惑了。一般人的住處是否真的都很像家，或者只是一個空殼子？

很想回家！

這話應該是動詞，但往往聽起來只像名詞，少了衝動。出門工作或者就學的人，當是很累，避風港、休憩所與安息之地，當是美好的家，只是當家淪為出氣場時，那種味道便淡了。

我聽過不止一次這樣的故事，夫妻攤開一個月的開銷，努力區分哪筆帳是誰的，哪一筆對半分，竟連一份十元的報紙，也是每一個人分五元，最後以室友互稱。是的，他們看來並非家人，而是住在一起的陌生人，那棟華廈只是高貴的房子，甚至頂多是漂亮的建築物了。

差別最大的元素就在一個情字，如果缺了情、少了慰藉，家人何異於外人？如果家無法癒合傷痕，療養創痛，談天說地，相互告解，這樣會不會只是一棟設備齊全的旅館？

年紀日漸增長，愈發理解家對一個人的影響，絕非只是單單一種成就，它是全面的，包括人格。我完全明白，學校給我的並不算多，課本裡的知識太過膚淺，人生是本大書，藏了大學問，如果沒有家給了我活水源泉，我不可能樂於花這麼長的時間去探求生命的秘語。

我原本以為媽媽給我的幫助不多，只是一位嘮叨者，事實上她也提供很多醍醐灌頂的智慧。她像藥劑師，會在我生病的時候憂心忡忡，含藏著親情，為我燉煮一鍋的藥材，細火慢熬，把臉薰黑了，才能化成半碗湯劑。

她也是衛兵，怕我們踢被，常常起身巡視，直到周公牢牢拉住她為止，一夜至少起身三回。

她還是司令，哪裡可以去，哪裡不准去，由她批示。命中剋水的我，媽媽防範嚴謹，深怕我偷溜下水，萬一一命嗚呼哪得了，只是我愛山樂水的天性常常不顧一切闖關成功。

她更是銀行，我爸爸對於錢常是打了十八個結，嚴命不准亂花，該花才花，不該花要省，省下來的錢可以助人。但媽媽可不理這些，她存起了私房錢，在我經濟拮据時，偷偷塞了一把銀子，囑我吃飯不能省。

爸爸是冷面笑匠，情字藏得很深，卻因太濃，一眼望穿，當我與弟弟尚未出生時，他已迫不及待領養小孩了。我的一位哥哥、四位姐姐全是領養得來的，這些孩子全都嫁娶了，從未忘記他的恩情。

感恩惜福事實上比什麼都重要，它是首屈一指的人格。

我的一位友人被領養長大，他便說過，沒有養父母不可能有今日的他。與原生家庭相比，就可以理解當年如果在那個家，當不可能是現在學者風範，他非常感恩，而且必須感恩，也教孩子懂得感恩。

他是個惜福者，所以很幸福，不吝惜把豐富的情感賜予別人。他的孩子很特別，敬天愛地喜歡大自然，徜徉於山水之間。

表現在外則是人際關係良好。

很有禮貌。

很感性。

總之，很討喜。

我問過朋友，這麼有情的孩子怎麼教的？

他說，首先你得有情，而且說出了口。

他常告訴孩子他們沒有名字，統統叫做心肝寶貝。

他不談成績，但關懷生活細節。

他關心健康大過分數。

他只看優點不看缺點。

他讓孩子明白，無論表現如何，都是他的孩子。

他善用鼓勵，喜歡說：加油，一定有辦法的，沒有失敗這回事，爬起來就好。

他還有人生戒條，不管、不看、不罵……

在這種家庭成長，除了有情之外，看來還有勇氣。

兒女的長長背影從社區滑出，一溜煙消失在黑暗中，我還是隱忍不住淡淡哀愁。我很清楚：人生終究必須各自書寫，我無法勉強孩子續留身旁，只能讓他們帶著滿滿的情愫，裝進行囊之中。

背影

朱自清的作品之中最爲催淚的，當屬〈背影〉一文，以往讀過，感受不深，而今再讀卻常淚眼漫漶，許是時候到了，歲月催熟了親情。

文中有一段話這樣寫著：

我看見他戴著黑布小帽，穿著黑布大馬褂，深青布棉袍，蹣跚地走到鐵道邊，慢慢探身下去，尚不大難。可是他穿過鐵道，要爬上那邊月台，就不容易了。他用兩手攀著上面，兩腳再向上縮；他肥胖的身子向左微傾，顯出努力的樣子。這時我看見他的背影，我的淚很快地流下來了。我趕緊拭乾了淚，怕他看見，也怕別人看見。我再向外看時，他已抱了朱紅的桔子往回走了。過鐵道時，他先將桔子散放在地上，自己慢慢爬下，再抱起桔子走。到這邊時，我趕緊去攙他。他和我走到車上，將桔子一股腦兒放在我的皮大衣上。於是撲撲衣上的泥土，心裏很輕鬆似的，過一會說，「我走了，到那邊來信！」我望著他走出去。他走了幾步，回過頭看見我，說，「進去吧，裏邊沒人。」等他的背影混入來來往往的人裏，再找不著了，我便進來坐下，我的眼淚又來了。

不知為何，文章尚未讀完，我已鼻頭犯酸。父親與朱自清的父親一樣，不是言語派的，屬於行動派，不會說什麼麻酥酥的好話，但父親之情卻很濃烈，像化不開似的。父親像冷面笑匠，連表達關心，都帶著雪，冷若冰霜。下雨了，他不動聲色彎下腰來，取刀用力一劃，姑婆芋成了把小雨傘，遮住狂洩而下的西北雨，並將我摟進懷裡，讓雨打在他的身上。

冷鋒報到，寒流來襲，我與他單刀赴會，上山採藥，爬過斜度三十度的山間小徑。工作時，熱氣在身子裡旋繞，不覺得涼，一旦停了下來，就發覺涼颼颼的山風如刀，會凍人的，不自覺打起哆嗦，他常默默脫下大衣，罩住我的小身體，讓人暖呼呼起來。

吃飯用膳，父親可是用心良苦，最好的、有肉的、香醇的，往往在我的碗裡，他吃的是鍋邊的、肉邊的、殘留的飯菜，並且催促我快吃，以免飯菜都涼了。

以前不懂的，而今全懂了。

父親以身作則示範，教我懂得把入口即化的甜食、美饌佳餚，放進兒女的碗中，孩子不想吃的，則一一放進我的口中。

我歡喜笑納，樣子一如當年的父親。

我與父親的人生慢慢疏離，我由宜蘭人變身成旅北宜蘭人，只有週末假期才得空回家，遇上農忙，便無暇相互搭理了，我常一個轉身看見的只是荷鋤的身影，走向筍園去了，當他回來時，我早搭上車回到台北。

當他的人生剩下殘光，倒數計時，我很想與他閒聊，他卻已無力陪我舉棋擺譜了，只能嗯嗯啊回應數語，錐心之痛，至今難忘。

父親過世後的前幾年，我保留搭乘火車返回宜蘭的習慣，每每見著與他身影神似、音容極像者，便會默默注視，不自主的流下眼淚，想念一事，在心中牢牢盤據。

〈背影〉的感觸再度復現，竟是在兒女長大之後。兒子跨出門，準備回學校上課，我不像父親那樣冷若冰霜，而是熱情如火地往前熊抱，告訴他們，我有多麼想念。

兒女的長長背影，從社區滑出，頭也不回地一溜煙消失在黑暗中，我隱忍不住淡淡哀愁。原來最美的親子關係也是如此，抵擋不了歲月消磨，終究非離不可。

我很清楚：人生終究必須各自書寫，我無法勉強，只能讓他們帶著滿滿的情愫，裝進行囊之中，轉身離開。

用手機傳簡訊，對於老世代的我非常有難度，可是我至少每個星期仍舊保持這個習慣，讓手指流轉於ㄅㄆㄇㄈ之間，傳出長長的家書；兒女感受到了，開始回應起一封封眞情流露的信。

我知道，無論我怎麼做，還是只能看見兒女背影，但至少，他們懂得把我藏進他們的記憶之中，有一天，用「情」還我。

家有一心，有錢買金。——徐睢

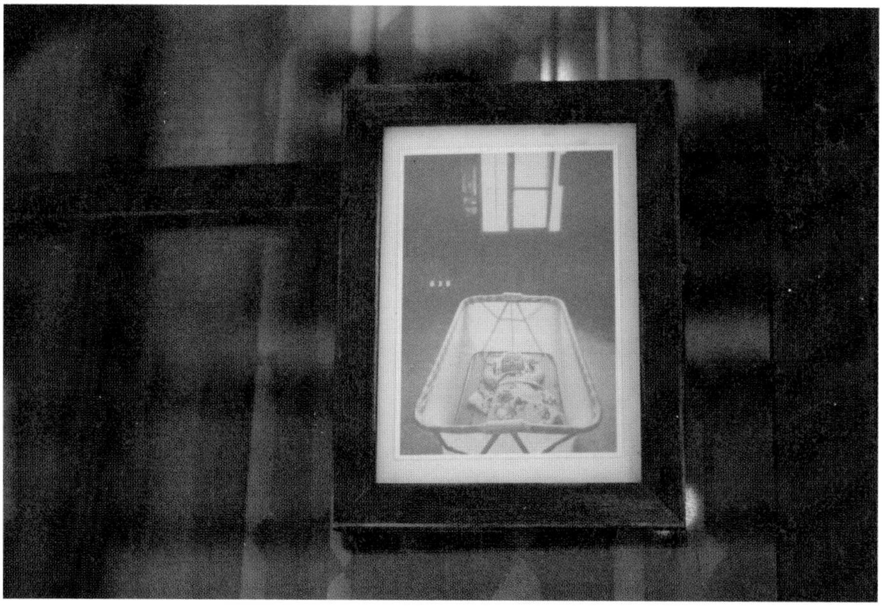

惱人的年代終於遠離，我懂事了，主動想幫爸爸一點忙，
這才看見他的頭髮早已花白。我們終於可以促膝長談，
可是他卻提不起勁了，瞌睡連連，最後終於因為太累，永遠睡著了……

——不要太遲——

我的想念的確遲到，在父親逝世二十多年後，沒有預警的才想起他，帶點灼熱。可惜時間不可能回退，歷史就是歷史，我沒有機會了。

父親生我時已四十七歲了，算是高齡，老來得子，滿心歡喜，宴請二十多桌，幾乎把所有溫泉小鎮裡的人召喚上了桌，親朋好友送上祝福，爸媽人前人後忙著打躬作揖，高興不已。

這件事我當然沒有參與，是事後被告知的。

父親的內心世界我一直無從得知，從未想過，也不想想過。直到當了父親，有了自己的孩子，開始懂得掛念，才慢慢理解，原來掛念是本能，當兒女慢慢長大，羽翼豐厚了，展翅高飛，當父親的會依依不捨地戀著；我甚至會在午夜夢迴時醒來，再也睡不著覺，腦子裡浮掠兒女的形影，起身坐定，泡上一壺淡茶，在夜裡的書房，思念到天明。

我的思念也許一如父親當年，而我卻怎麼也想不起來，他何時掛念著我。是否只因我的無知，忽略了他內心裡深沈的掛念？

放完暑假，孩子離巢繼續攻讀學業，一整個星期，我都悶悶不樂的，上了頂樓，望著天，看著藍色的鋪底上一朵烏黑的雲，快速飄動，眼角一陣滑濕，淚竟不聽使喚的溜了出來。

孩子都說我愛哭，他們怎知只是掛念？

莫非當年我離家北上讀大學時，父親一個人隱身在竹林中，抽著煙，頭也不回的，揮揮手示意我去趕火車，也是偷偷流著淚，別過頭去，怕我看見？那一刻，他也有著濃濃的掛念嗎？

如果少了爲人父的這段歷史，也許我壓根不清楚，甚至不會想及這段失落的片刻。

當我慢慢理解、通情達理時，他竟已老了，無法等我孝順，他便遺憾人間，連我想與他促膝長談的機會也不給。

隻身闖蕩江湖的他，工作時間早逾四十年，可是他的兒子，一個七歲，一個五歲，責任正大著，歲月卻未因而不催人老。我不止一次聽他自言自語說著，老了，不行了，可惜我根本沒當一回事，逕自走開，即使一大早，他貼在身邊喚我起來，請我與他一起起身採筍，我也耍賴，不想起身，他便一個人孤獨地拎著筍刀走出家門。

那一刻，凌晨四點，空氣中帶露未乾，媽媽不捨，把我連拉帶捏的吼醒，我才心有未甘出了門，追上父親的腳步。

那一刻，父親許有傷感，這麼老了還得做著粗重的農事，但兒子一點也幫不上忙，那時的野徑會不會是他的孤獨旅程？

天空初亮，他便得踩踏那輛老爺單車，載著幾十公斤的筍子，騎上五公里以上的石子路，前往宜蘭市場，坐在一角，擺攤販售，換得一點點家裡餬口的錢。

年少輕狂的我，未曾有過一次主動想及父親的辛苦，從不體貼問他，是否累了？我大約以爲那是大人的事吧，與我何干？以致父親要去遠方的金棗園、山上的橘子園，我都是百般不樂意，心裡犯著嘀咕。

十二歲之前，我盼早早長大，變成大人，不受約束。

十三歲，我的青春期到來，那一年他都六十歲了，按理說，我有一點力氣，可以幫上一點忙，與他一起把沈重的筍子抬上腳踏車，或者與他分攤家務，上街叫賣；可是青春期啊，只有敵意，總是臭臉，爸爸嘆一口氣，低著頭，不動聲色的用力推動單車，跑了幾步，順勢跳了上去，踩踏幾回，已經到了轉彎處，剩下長長的背影。

父親的眉頭因而鎖得更緊，常常不由分說便出了門，上田工作，刻意躲開傷愁的心境。

惱人的年代終於遠離，我懂事了，主動想幫爸爸一點忙，當我什麼都懂了時，這才看見他的頭髮早已花白，年事已高，不必我幫什麼忙了。

我們終於可以促膝長談，可是他卻提不起勁，瞌睡連連，悄悄睡著了。

我迷惑難解，人生是否眞是輪迴？

父親要我懂事時，我不懂，我懂事了，他卻不在。

我傷感的是，爲什麼總是親不在時，才懂子欲養？

爲什麼思念總在分離後開始？

如果不教，美好肯定遲到？

這些年來，我很驚訝地發現，不再只教孩子本事了，還教了懂事。

人與動物的最大不同在於，人類有濃烈的情感。

——叔本華

玩才是學習的根源，一切情感的出處。這樣的溪流之旅，對兒子來說意義重大。至少有一天，他長大了，有了自己的世界，有很多不一樣的題材，可以與他的友伴分享。

高人玩世

與兒女的感情濃得化不開的秘密武器，就是玩樂。這些美好的事他們全記得，以致於懂得信誓旦旦回應，我老了，他們願意陪我縱情山水。

玩的好處我知之甚詳，如果不是童年浪遊，臨河釣魚，山中摘梨，海中撈鰻，大約有一半以上的稿子是寫不出來的。我努力把它寫成《嬉遊記》（時報出版），讀者約莫以爲那是我的玩興之作，與教育無涉吧，這個觀照眞是可惜，玩才是學習的根源，一切情感的出處。

旅行作家保羅．法索就說：「某種意義上，人生就像一場旅行，把人從這一站送到另一站，問題不在於是否到站，而是旅程是否盡興，玩得美好。」

我喜歡這種想法，把人生當成旅行，而非爭名奪利的殺戮戰場。家人該是合作的伙伴，不是謾罵的對象，理應共度美好時光，別匆匆滑過，了無痕跡。

溯溪令人著迷，每年都會在淙淙溪流中浪漫一夏，兒女同行。

台灣的美在這一刻被我重新考據出來，原來很多美麗的事，都不在城市中，而是隱身鄉野，沒有忙世人之所閒，閒世人之所忙的人是偶遇不得的。兒子從小學二年級便被我邀請加入溪流部隊，成了隊中最小一員，暑假與我一起享受夏日炎炎裡難得的冰鎮，南勢溪、北勢溪、加走寮溪、崆峒溪……，都留有我們的足印。

大自然真的有如盧梭所謂的偉大老師，常常喚醒人們底層中某些被遺忘的元素，與一些有意思的智慧。

兒子第一次加入溪流部隊時，我有些緊張，提醒著我走前頭他走後頭，我一步他一步，穩健向前；畢竟溪的深淺不一、緩急不一，跌跤受傷事小，落入深潭可就事大。沒有料到身經百戰的我竟先失足，跌了一大跤，兒子一個箭步上來，正好扶我一把。

擔心我已老了的他，一直緊跟在後，頻頻照應。

眞是的，他是諷刺我？還是保護我？

他只是一個小二的孩子，竟因溯溪溯出窩心，也算值得。

颱風過後的另一趟旅程，很有風險，我未料到水裡來山裡回，竟是如此百折千繞，我們由水路一路挺進，未見阻礙，但下午從山路回來就處處難關，先後三次颱風把山徑吹得柔腸寸斷，臨山的部分尚稱完美，臨崖的地方則崩塌處處。我幾乎一路發抖前行，畢竟得護著一個小小孩，沒料到他比我勇敢，聽不出聲音微顫：「我先走，安全了，你再過來！」說畢，很嚴肅的回頭再問了一次：「懂嗎？」

懂啊，我怕的是他不懂。就這樣戰戰兢兢下了山，總算安全回家，他才偷偷告訴我太太：「媽媽，今天太危險了，我還以爲回不來了。」

勇敢是假裝的，他以爲我會怕，所以裝成不怕，好安撫我狂亂的心。哎！這個小傢伙，眞是孝順啊，說得我眼眶泛紅。

溯溪並非每一次都充滿凶險，大多數是很有趣的。兒子記憶最深的是，溯了兩小時的溪之後，出現了一座天然切割而成的水道，足足有三十公尺，由上而下滑降，終點是一座深潭。

每個人都玩瘋了，尤其是那些超過五十歲的人，都像極了小孩般，一回再一回，高唱胡不歸。

每一次溯流而上，深潭浮潛，攀梯滑落，無論老少都樂而忘歸，幾乎月明星稀，才能催人返。

溯溪而上，乘坐游泳圈飄溪而下，則是另一個趣點，兒子歡喜極了。這種玩法可是有危險性，但到了溪中不這樣玩，卻又缺了韻味。最後人人著裝出發，套上泳圈大力向前，雖然偶爾會因行道不正確，撞擊隱伏的大石頭，而發出慘烈的叫聲，可是每個人都好開心。

溪流之旅，對兒子意義重大。至少有一天，他長大了，有了自己的世界，有很多不一樣的題材，可以與他的友伴分享。

俄國作家桑塔耶那說：「自然是人的第二情人。」這個說法也許並不精確，應該是大自然讓我找著第二個情人——孩子。

他孝心動人，答應我老了會帶我再去溯溪。

只是那時候，我還溯得動嗎？

讀書不要敷衍於外在的需求，而是著眼於內在的必要，充實自己的生活。——李霽野

我有別於一般親子的溝通方式，就是不太喜歡用嘴，因為它太像一把利刃，脫口而出的，常會是傷人的話。紙筆添得溫情，至少在書房中左思右想，磨尖化圓，會有更多義理、更少怒火，不致傷到孩子。

家書

空巢期不設防的提早降臨，屋子常顯得冷冷清清，我與妻子不得不重新練習過著兩人相依的生活。這有喜有憂，喜的是終於放下掛念，不爲分數成績而煩惱；愁的卻是，寂寥無事時，得各自找事做，否則眞會大眼瞪小眼。

我常坐在孩子的房間，靠窗戶的那一面，放眼遠方，翠綠的山巒層層疊疊綿延，即使眼界開闊，但心事仍鎖，我很難接受，卻也不得不，這間小屋人單影隻了，以後也恐怕只是兒女人生中的行宮而已。

我與孩子的媽，開始撥空清理兩間布滿塵煙的小房間，一掃寂寞，並且等待他們倦鳥歸巢時，得以高枕無憂的入眠，可是年紀逐日老邁，只得慢慢來，今日整理案頭，明日整理書桌。女兒的小抽屜中，讓我猛然一驚，熟悉的字體映入眼簾，原來我信手捻來的家書，她竟偷偷藏著，成了獨一無二的珍藏，整整齊齊的擺置在一角。我隨手取出幾封短箋翻閱，的確是我寫的，躍然紙上是我毫無保留的關懷、提醒與愛，當時的心境浮掠而過。

我稱這些信爲家書，大約是受了《曾國藩家書》的影響，很想把多年來積累的人生歷練，透過一封信、一張短箋，提早一步告知孩子，只是我並不曉得，日積月累，竟有了如此的分量。

我有別於一般親子的溝通方式，就是不太喜歡用嘴，因爲它太像一把利刃，脫口而出的，常會是傷人的話。紙筆添得溫情，至少在書房中左思右想，磨尖化圓，會有更多義理、更少怒火，不至於左右開弓，射傷孩子，只要言之有理，兒女多半置放於心，等著發酵再利用。這些年來，我從他們寫給我的卡片中完全證明，原來我的話，他們是聽進去了，得到感召。

我的家書寫得動人心肺，大約在兒女二、三歲，看不懂字時，我就是一位會從遠方寫家書回家的人，它是我遠行講學時的必要行動，出發前一天，開始構思信的內容，尚未登機前，就連發送出。第一封大抵是在家門口，見著第一個郵便筒順手投遞的。我的信因應兒女的年齡有所變化，起初是圖文並茂的繪本信，我手繪一個大人，拉著沈重的行李，滿頭大汗，坐上計程車，沿路畫下星星，代表思念，抵達機場，最後是飛機起飛。第一封家書，文字很少，大抵全是用畫的，孩子一目了然。

登機前，我通常會在機場寄出第二封信；抵達目的地的機場，投送第三封信；返家之前，投送最後一封。

返家前投擲的這一封信，彷彿魔法，兒女百思不得其解，以爲我有超人神力，可以隔空發信，並且要我示範怎麼辦到的？

我佯裝神秘，附耳告知：「那是秘密，現在不告訴你。」

之後，他們漸漸長大，也就不必說了，什麼都懂了。

聖誕節，我用聖誕老公公的名義寫了很多封家書給他們，勉勵他們務必好好用功，閱讀是一種必要，可以沒學歷，但不可以不讀書。我提醒他們，爸媽如何辛苦，如果可能應該扮演他們的小幫手，聖誕老公公的禮物便是由一年來考核的結果而定，做得好的孩子，心想事成，禮物就是他們想要的。

他們一度懷疑，聖誕老公公是否眞的存在？

我從未給過答案，他們一定信過，才會在聖誕夜備妥一雙襪子，等待禮物從煙囪滑進小襪子之中。後來他們發現，原來聖誕老公公是爸爸變的，並不會爬煙囪，都是趁著他們入睡走進房間，聖誕老公公的任務就此結束了。

有一年，他們長大了，根本不信這些神話了，而我再度童心未泯，在他們的枕頭下放了禮物，孩子開心極了，問我：「迷路的聖誕老公公，怎麼又找著路的？」

我們相視而笑，盡在不言中。

隨著兒女成長，老套早不管用，我不停思考，可以給孩子什麼不一樣、特別的？我自己允諾，家書不會停的，我將以父親的角度、過來人的經驗，給予他們人生的叮嚀，我寫過閱讀、成長、心理、交友與戀愛等，不知他們是否受用，但我的確用心。

最近幾年，添了簡訊與電子郵件了。

家書書寫多年，我眞心盼著，孩子未來會用不同的形式寫著家書，告訴我他們是否安好？沒有難題？非常如意？而且惦念著我，這樣我就心滿意足了。

至於家書裡的義理，懂也好，不懂也罷，當成一種珍藏也很有意義，就像我藏著父母的古老用品一樣，有著濃濃的情誼。

幸福只能在幸福的家庭中找著。——狄更斯

從孩子離開家門的那一刻起，抵達目的地之前，沒有一個父母會卸下掛念。
我也一度不明白，以為父母很囉唆，等我當了父母之後，終於明白：
那是愛，無法言喻；那是本能，無可取代。

掛念

一廂情願以爲，當孩子長大之後，掛念就會消失，怎知道，只是換個形式存在，掛念永遠不散。

兒子買摩托車的事，一直是我的掛念，大約想了一百個理由，阻止這件蠢事，可是兒子覺得自己長大了，可以爲人生負責，我們僵持不下，一度鬧得很僵。

「有駕照再說。」

他果眞在十八歲過後沒幾天，便報名把駕照考了回來。在這之前，他異常努力苦讀筆試，勤練摩托車騎術，看來是認眞的，沒有一點鬆懈，全力以赴的態勢，不成功便成仁的模樣。

他把駕照帶回來，活生生的，還有一點點燙，貨眞價實，我實在沒有理由搪塞。

「有錢再說！」

他想出妙法、開出條件，要求我出資三萬，其餘自己想辦法，趁著甄試考上大學的空檔，打工賺錢去了。他履現承諾，賺到白花花的銀子，笑咪咪對我說：「這下你還有話說嗎？」

第二天我陪他去看車子，下了訂，隔沒幾天就交車了。我心中仍舊不踏實，一直在騎摩托車不安全的陰影下打轉，兒子再三貼心保證，騎車會很小心、很小心的。

「我必須長大，但也會注意安全。」

強而有力的諾言，使我放心不少。他的確需要長大，我的掛念，很可能限制他的長大。

他請我放手，因爲他會讓我放心。

颱風天，風強雨劇，一副山雨欲來的態勢，明眼人一瞧便知，這次颱風來勢洶洶，一點都不好惹，女兒卻執意冒雨去高雄訪友，意向堅決。我氣到說不出話來，她依舊搭上台北往高雄的長途汽車，駛向暴風區。

我的掛念無限上綱，達到臨界點，一夜輾轉難眠，清晨早早醒來，目光緊盯著電視的氣象報告，高雄一如我所擔心的，從早上的無風無雨，轉成風強雨大，傍晚已陸續淹起大水。我的電話急急如律令，她卻氣定神閒的說高雄還好，但氣象預報卻是危機四伏，我寧可相信專家，請她火速搭乘高鐵回來，否則就回不來了。

爭論在我下達最後通牒後奏效，女兒半夜回來，高雄也於隔天淹起大水，七成地區淪爲水城，她直說好險。

孩子安全抵達家門的同時，我的氣也跟著消了，只拍拍她的肩，輕聲告訴她：「我眞的很掛念。」

轉頭，我快步進入書房，女兒別過頭去，淚流滿面。

懂就好，我只怕孩子不懂。

我常與兒女討論一件事，用角色扮演的方式，問他們：

如果我是孩子？如果我是父母？

我說：

如果我是孩子，我希望我行我素，沒有人管我，很晚回家，愛做什麼就做什麼，千金散盡還不來，很自私。

如果我是父母，我會擔心孩子很晚還不回家，會不會遇上危險？騎車安全嗎？連生病、感冒，我都擔心。

從孩子離開家門的那一刻起，到抵達相應的目的地之前，沒有父母會放下掛念。那

是本能，無可取代。

我一度不明白，以為父母很囉唆；等我當了父母之後，終究知道：那是愛，一種無法言喻的掛念，沒有理由的。

我很堅定地告訴孩子，掛念與限制的不同。掛念含藏濃濃的甜味，香氣溢流。

說畢，我把身子湊了過去：

「不信，你聞聞看。」

沒有熬過冷暖的人，不懂什麼是價值。

——歌德

十八歲是親子之間的交叉點，無可回返的事實，即使百般不願意，也得放手讓孩子單飛。抓太緊，他們只會依賴，無法自由揮灑；越是限制他們，孩子越是飛不高。

放手與放心

專家只不過是在外混一口飯的頭銜，回家之後，我還是爸爸，對於孩子的憂心，絲毫沒有少過。當家人喊著爸爸回來了，同時也預告著，我被打回原形。

女兒信誓旦旦告訴我，她長大了，可以放手了，但在我眼中，兒女怎麼也長不大，放下的手常又舉了起來。莫非這就是父母情結，明知故犯，無法在收放之間快意自在。

讀者問起同樣的問題，說在他的記憶中，父親對他很放心，爲什麼他對自己的孩子卻不放心？

我的爸爸，也是個對子女放心的人。媽媽一直擔心我去河中戲水，她覺得水鬼會把我捉走；爸爸則相信，無論我去哪兒玩，都會活著回來。他放心讓我去河中垂釣，我也的確帶著魚蝦滿簍回來；他同意我到離家車程五小時的梨山、環山部落摘水果打工，我不僅帶著錢財回家，同時帶回成長。

我打工時當過築堤的工人，被石頭砸傷，手指迸裂，他只問要不要緊，趕快處理，沒有責備，彷彿那是成年禮，因爲他也是這樣長大的，也許眞的以爲成長必須有這樣的方程式。

屬於成長的事，爸爸一律不管。

他不管吃飯，因爲餓了一定會吃。

他不管睡覺，怎麼可能有人不睡。

他不管上廁所，他說不上廁所試試看呀，有你好受的。

很多事，我便得自己經驗，嘗到其中的酸甜苦辣，於是早早成熟，可以獨當一面，做我自己。

父親不是親職教育專家，卻比我更像，我只學會他精髓的一半，可以不管吃飯、睡覺、上廁所，卻百般阻撓過孩子的打工，完全忘了自己從打工過程中得到許許多多的益處。他們比起我的打工年齡整整晚了五、六年以上，當他們從中體會到，有付出就有收穫，或者有付出才有收益，而且付出很多才得到一點點時，我才驚見他們的成長。事實上我也是因爲打工的關係，發覺這麼辛苦的工作只得到小小的報酬，因而奮發圖強的。

那次之後，我便不再阻止孩子打工了。

教養有如放風箏，可有學問。沒有風的午後，當然無法飛行；風太急，也會把紙給吹破，乘風難行。線太短還是不成，放不高；線太長也不成，太高會遇上亂流，扯斷了線。至於什麼是剛剛好，則須自己揣摩了，只要能讓紙鳶盤旋於天空，忽高忽低，忽左忽右，上上下下，就是成就了。

風箏不能一直放，也不可以一直收，總是收收放放。線多長就只能放多高，超出線的長度，死命握著，就會斷裂；收得太過，風箏太低，則會墜毀。我摸索了極久，終於懂得其中的堂妙、一點訣竅，收放自如。

風箏太緊，表示與風拮抗，該放線；風箏太鬆，左右晃動，就該收線了。

十八歲是交叉點，無可回返，即使百般不願意，也得放手讓孩子單飛。抓太緊，他們只會依賴，無法自由揮灑。

我偷偷允諾一事：

十八歲之前，盡可能讓他們有機會行使決定權。

因爲放手，才有望得到放心。

勇氣是在磨練中成長的。——莎士比亞

行除了行動之外，我摻雜了旅行之味，但盼有生之年，能肢體強健，行它萬里路。
旅行是我家大事，我奉行讀萬卷書遠不及行萬里路的觀照，
並且把它當成最後一次看待，活好每一個當下。

旅行中的哲思

晨光未露，我便悄悄起身，輕輕掩上房門，從千葉旅店溜了出來，一個人漫無目的隨意閒行，在一處公園找著歇腳處，坐了下來，展讀從台北飄洋過海帶到日本的一本小書《最後一小時》的最後一章。朝陽仍隱於雲下，微風輕拂，靈台清明，我受益於書中的珠璣之語，頗有啓悟。

日本來去多回，爲何還要再去？

出發之前，迷惑未解，我未有答案，只突兀想及，宋朝大儒朱熹關於讀書的獨到見解：博學、審問、愼思、明辨、篤行。博學可以廣智；篤行讓知行合一。「行」一字，除了行動之外，我摻雜了旅行之味，但盼在有生之年，能力所及，能肢體強健，行它萬

里路，像個縱橫山水的徐霞客。

旅行是我家大事，我奉行讀萬卷書遠不及行萬里路的觀照，並且把它當成最後一次看待，出國像死去，回國像重生，活好每個當下。

我非有錢之人，但有些閒，家中的每一筆錢全得來不易，食指浩繁下結餘的盤纏，化作旅行基金，真是一個難字了得。

我在攢取帳面上價格的能力未必贏得了人，但讓孩子參與其中，陪我一起省下一分一毫，否則由我一人拍案底定，他們便不明白粒粒盤飧皆辛苦了。花錢在我看來不止找樂子，還要找智慧。

出發之前，孩子嘟囔著要去東京迪士尼，我未置可否，心裡卻犯嘀咕，年紀老邁、關節不聽使喚的我，哪堪一天勞神；更何況，美國迪士尼去過了，東京也去過一回，何苦再折磨一次？

孩子還想上行原宿採買，那是年輕人的地方，本無可厚非，可是兩者全去，老人可受不了的，如果加上買衣服、放手血拼，連同經濟也受不了了。

旅行中的盤纏，我規定上限，並非缺錢嚴重，而是不想讓孩子物慾橫流。文化旅行是課題，有些沉重，可是有些事當下不做，以後便後悔了，我以半開玩笑的話語告知，我付錢我作主，以後他們長大了，自己付錢，就由他們作主。

旅店沙盤推演多回，在交集中沒有交集，兒女三心兩意，去或不去二擇一，彷彿一道難題，解也解不了。我釋出善意，願意把迪士尼二千五百元的門票，當成購物基金，自行處理，直接搭地鐵上原宿，如果體力許可，再下行新宿，終於達成共識。兒女雖不免有些許的失落，但也理解魚與熊掌不可得兼之理了。

人生本來如是，有一失，方有一得，不是嗎？

金錢由他們自行處置，帶來了意外的好處。日幣強力升值，價格高得恐怖，孩子領著賞金，姐弟結伴閒晃，本以爲彈盡援絕，才會帶著戰利品在約好的神社公園處出現，未料時間未到，他們便滿頭大汗歸來，樣子很像戰敗的將士，女兒的賞金一個子也沒釋出，直呼貴得要命，下不了手。

原宿的物慾橫流，替我上了一堂消費課，我大力讚賞他們，進而告知收入與消費之理，他們也因爲自行操作而明白其中的堂奧，我時時掛在口中彷彿十誡般，「物慾大過能力者必苦」一語，此時或許也添得了然一二吧。

我一廂情願想引領孩子察覺旅行中的知性，事實上他們根本不可能喜歡在明治神宮待一整天，感受明治維新與康有爲戊戌變法的差異，何以前者成功，後者失敗；更難得與我一起並肩坐在淺草觀音寺，遠眺這座屋宇高雅、肅穆莊嚴的寺廟，如何深入人心，成爲漁民們參拜的信仰中心。

我很感恩他們意外配合了我，一家人閒行富士山下的河口湖，在夜幕低垂時，靜靜遠望富士山彎曲而上的華燈；或原宿走累了，在代代木公園休息，閒飲一杯茶，看著低飛的烏鴉；或與我一起享受泡湯的樂趣，褪去一身的疲憊，這讓我喜出望外。

許是老了，我沿途掉東掉西，第一天竟粗心把一台伴我十一年的sony相機弄丟了。孩子都說不怪我，原諒我的老年痴呆，一下子化解我的自責，他們並且信誓旦旦的說，會提供我一筆購買相機基金，希望我趕緊忘記不快，想想舊的不去新的不來之理。原本是帶他們來開釋的我，竟轉成被開釋的對象，有些啼笑皆非，卻也讓兒女隱伏於心中，我塡寫多年的善念，冒了出來，成了貼心二人組。失去相機的喪氣隔天就全忘了，又是開心的旅行。

我怕他們只是隨口說說，信口開河，當夜請孩子們簽下「允諾書」，保證兌現，兒女們嬉鬧一陣，直說我奸詐！

我們旅行的目的地從來不是個地理名詞，
而是為了要習得看事情的新角度。
——米勒

人是從依賴到獨立，我們卻常把孩子從獨立教成依賴。
當孩子需要我們，我們忙得不可開交，經常不在，讓孩子留在安親班；
當我們需要孩子，換成他們很忙，沒空，不在，我們順理成章住進養老院。

人生五不

年過半百，不經意的撞見幾齣人生荒謬劇，憑添恐慌。原來人生比想像的還要來去匆匆，早年一起坐在繁星點點夜空下，談佛論禪，激辯老莊，溺在康德、海德格爾與尼采之間的友人，慢慢有人離開，塵歸塵、土歸土了。

告別式來得突然，老友們不禁唏噓，往年都是在婚宴上巧遇的，而今改成公祭，多出幾分酸楚。

讀書的意義從他身上看出弔詭，他因爲學業成績優異，搶得一項忙碌的工作；因爲忙碌，而日以繼夜，最後榨乾自己。他是賣力之人，得了不少錢，卻從未好好享用，臨走前的一個月，一直長吁短嘆，直稱不值。

我因他，而添得了許多感觸，有了覺醒。

我不等。

朋友什麼都等。

等退休。

等一千萬存款。

等孩子長大。

等房貸繳清。

最後等到了告別式。

他有感而發告訴我們這群探病友人，人都會走，可是他走得有些遺憾，有點不甘，非常後悔，除了工作之外，他什麼事也沒做過。

離開醫院，所有人眼眶泛紅，並且許願，絕對不等，一定好好活著，享受生活，但盼這些允諾全是眞話。

我不管。

友人什麼都管，他管成績，管分數，管第幾名，管英文，也管數學，當是累人的。

他常說，沒有他怎麼辦？事實上，這個世界沒有誰都照舊，地球照轉，別人照活，太陽月亮依舊浮浮沈沈。

不管孩子就好多了，我只要管好自己就行。我管健康，我管快樂，我管自己的遊山玩水。

人是從依賴到獨立，我們卻常把孩子從獨立教成依賴。當孩子需要我們的時候，我們忙得不可開交，經常不在，讓孩子留在安親班；當我們需要孩子的時候，換成他們很忙，沒空，不在，我們順理成章住進養老院。

我不看。

兩眼看，不如單眼瞧，睜一隻眼閉一隻眼好些，什麼事都太精明，反而自找苦吃。

孩子只是孩子，不可能什麼都會，可是大人總希望他們快快長大，什麼都懂。這是衝突，沒有解藥，唯有少看爲妙，孩子有自己的成長軌跡，而非揠苗助長。

不會到會是必然歷程，學習中挫折很多，但從中吸取經驗，於是會了。可是一般人卻奢望孩子要武功高強，什麼都會，後來發現，除了讀書考試，這些人什麼都不會。不看，並非什麼都不看，而是看該看的；不該看的、看不見的，就不必一直想看了。

我不做。

我不做對孩子無意義的事，但做有意義的事；做不來的不做，做起來很辛苦的也不做，做了之後會後悔的當然不做。

我打羽毛球深知其味，救不到的球不救，救到了會扭傷腳的不救……人老了，必須服老，不服老就慘了；而今我更明白，什麼是適可而止，量力而爲，來日方長了。

我不給。

給不起的，不給；不必給的，也不給。需要的，我給；想要的，不給。柴米油鹽，給；房子、車子、名牌、好的手機……，不給。給的愈少，孩子愈賢；給的太多，就不賢；什麼都給的家庭，孩子鐵定什麼都不會，只會茶來張口，錢來伸手，徒增其苦。

林則徐有名言一句，我深有同感：

子孫若如我，留錢做什麼？賢而多財，則損其志；
子孫不如我，留錢做什麼？愚而多財，益增其過。

人生有兩齣悲劇：一是萬念俱灰；二是躊躇滿志。

——蕭伯納

往事如泉，一想就無法自休，甜甜的、美美的，帶點花香的味道。
我闔上雙眼，兒時的美好記憶就可以像泉水一樣冒了出來，
它從三歲，貫穿到十八、九歲，每一個階段都有不同的故事。

活水源泉

寫作如泉的原由是什麼？

童年吧，兒時的美好記憶。

童年的事在我成年之後，執筆寫作時，常常像泉水一樣冒了出來，它從三歲，貫穿到十八、九歲，每一個階段都有不同的故事。

家離河很近，我常一躍而下，在此玩樂嬉遊，得了許許多多的美好元素。駕著舢舨順流而下是童年愛玩的遊戲之一，我們常頑皮的解開主人的草繩，順流而下，至於逆流返航，最後總是七手八腳才費力扛回原位。

夜釣鱸鰻與鯰魚不止是嬉遊，還有家計的元素，只要那夜釣上一條，也許一本書，

一學期的學費，或者加菜數日的銀兩全有了著落。我們學大人，出征膜禱，期待河神愛戀，賜我們幾條名貴好魚。

除了垂釣之外，我還學會夜放，使用泥鰍作餌，置於河中一夜，清晨收竿，魚獲載去宜蘭街上賣錢。那是父母的事，我常不過問，可是回回見著他們喜上眉梢的樣子就可以得知，賣得好價錢了。

河中摸蜆記憶最深，我們一邊戲水，一邊游泳，把河中如姆指大的蜆仔摸了上來，多數不賣，而是熬薑絲湯來吃，清清淡淡的，美味極了。即使長大成年，我依舊懷念這個味道。

家離山亦近，實際上它是第一公墓，葬了很多熟識的往生者，怕也不怕，翻越一座山，有一處埤溏，藏了很多鱸魚，釣得上來，同樣賣更多錢，甚至連下個學期的學費全有著落了。

山上還有野生百香果，那是孩子們的野味，口乾舌燥時的解渴劑，我們常常多栽一些，帶回來與家人共享，解解饞。

最想念拜拜與酬神的野台戲，代表有好的食物可以吃食，那個年代，平常不可能有魚有肉，我們翹首期待逢年過節，肉香四溢，又可以百無禁忌的玩樂，大人忙得不可開交，小孩則玩得不亦樂乎，我們會在這一天，玩盡所有大人不許的事。

平時不准亂跑，可是這一天可以騎上單車，越過村界，遠征隔壁村子欣賞歌仔戲，最熱門的戲碼當屬包公傳的烏盆記，總是有鬼含冤，氣氛詭譎，看完都半夜了，還得騎著單車返家，沿途自己嚇自己，眞是爆笑。

當年的單車性能並不好，一騎快就會掉鏈，陰風颼颼中修理鏈子，不免會想及烏盆記裡的冤鬼，嚇到腿軟，抬起單車就往前衝了，蠻勁哪裡來的，眞的不知。

讀書考試在我的那個年代依舊不可免，高中得考，大學得考，我們常隱藏於附近的一所國中，沒有人逼迫便努力朗朗讀書，聲聲入了大人的耳，直說我們是有爲青年；殊不知，我們夜裡無聊常常四處裝神弄鬼，嚇嚇別人，逗樂自己。白天沒事，打籃球、比棒球，遠多過寒窗苦讀，還好鄉下升學壓力小，反正沒考上就種田，每個人都有後路，也就沒有在怕了。

往事如泉，一想就無法自休，甜甜的、美美的，帶點花香的味道。

我把它私藏起來，一有機會，緣分到了，釀製的年份夠了，便取它一罈，用行雲流水的文字印記下來，以饗讀者。

這樣的童年，我問過一些年紀小、正在成長的孩子，幾乎皆無人知曉。他們一樣讀書、考試，同樣成長，就是童年不浪漫。

即使因而很有成就，賺盡財富，住了華廈。

可是，少了趣味十足的童年——

我不知啊，人生會不會少了一味？

最近我重排對兒女期許的順位，健康列爲優先，身體好，什麼都能慢慢來，很多事最終都非靠成績而是體能造就。人品次之，不一定要有成就，但得有用，利於社會，領取好人卡。三要做有趣的事，而非有錢的事，有趣一定開心，有錢有時很苦。

他們的童年尚未結束，我則許他們一個「玩」字，玩吧！趁還沒被工作綁死之前，玩出精彩人生。

人生如棋，精於預測者必握勝機。

——巴克斯頓

缺乏尊重他人與同理心的孩子，即使有一天，成了社會中堅、高級知識分子，將是社會的福氣，還是禍害？這些全是日常生活中舉目可見的事件，我看見了，很多人也看見了，有多少人懂得反思其中的意義？

廢渣的思考

這些事，讓人心情很沉，疑惑是否耳朵出了錯。

小學生因爲讓座與老人吵起來，情急之下，罵了老人「廢渣」。這兩個字太深，我得請專人替我說文解字一番才得以明白，原來它比殘渣更慘，少了一級，是種廢物。

大學生，同樣不讓座，揮拳擊向一位七旬老者，還忿恨的說，是他欠揍，雖說後來自知理虧道歉了，老人家仍一臉茫然，直嘆這個社會怎麼了。

在郵局窗口辦事的老翁，舉步維艱，動作溫溫吞吞，後面的年輕人不耐煩的催促：

「快一點好嗎?慢吞吞的，要死啊。」

年輕人應該讀過書，但知書不達禮，老人家一定想快的，但快不來，即使伸手到口袋取個印章都成難事。我自告奮勇幫了老人，對年輕人嘀咕著：「你覺得能快的人想慢嗎？」

拾荒老者騎著簡易三輪車行於道路，擋住後頭開私家轎車的年輕人，他狂按喇叭，火大下車，狠狠朝著老人家的三輪車飛踢，三輪車一百八十度轉動起來，嚇昏老人。

故宮外展館舉辦遼代黃金展，我們喜悅赴會，花錢買票，卻買了一肚子氣，只因多問了一句，售票的年輕小姐有點火氣地回嗆，牆上有寫自己看。

一家四口面面相覷，摸著鼻子離開了。

演講結束，我選了一家品味高雅的店，坐在靠窗位置，欣賞人來人往的街景，附餐是冰咖啡，一個人慢慢啜飲，很有下午茶的浪漫。六位國中生魚貫進來，坐在鄰近的位置，像八月嘶鳴的蟬，聒噪暢談，時而狂笑，他們談話的內容是：基測考得不錯，第幾志願沒有問題。

我一時半刻迷惑起來，喃喃自語一事：長長一、二十年的教育，到底教了些什麼？

搶錢的方策？

做人的義理？

生活的禮儀？

抑或掠奪的招式？

缺乏尊重他人與同理心的孩子，即使有一天，成了社會中堅、高級知識分子、某一行業的專家，將是社會的福氣？還是禍害？

這些全是日常生活中舉目可見的事件，我看見了，很多人也看見了，有多少人懂得反思其中的意義？

教育絕非形而上的學問，而是形而下的行動，必須落實於生活之中。可是我們的教育竟背離生活，連最起碼的遵守交通規則都沒有教好，於是騎機車的罵開車的，開車的怨行人，行人指責騎單車的，其實統統未遵守規矩，全奉行「自己最大」主義。

開車最大，所以橫衝直撞；行人最大，所以龜速慢行；機車最大，所以蛇行；「不讓」成了一種習慣，爭端就發生了。

社會根本無法一人獨撐，我們相互影響，生病的時候期待像華佗、扁鵲的良醫；用膳的時候，期待名廚掌鍋，料好味美；受教的時候，期待遇見伯樂。

現在的我，最怕老了。

老了，一定慢，我怕人催促。

老了，會常生病，我怕庸醫。

老了，我怕是累贅，兒子不養。

老了，我怕沒有人知道我眞的老了。

老邁的媽媽，走起路來經常發出吱吱吱的怪聲，我懂了，那是關節磨損，使力會痛的音律，吱吱吱是求救聲。

我後悔，當時若知情，媽媽或許會過得更好。

老了，想來有些可怕。

也許能夠不老，多好。

最後，我還要想想，萬一有人在公車上罵我廢渣，

我該如何是好？

人生是一首詩，有自己的節奏與韻律，也有生長與腐壞的周期。

——林語堂

把垃圾當資源，它是黃金；把資源當垃圾，則是廢物。
教育的道理與其非常接近，每一個人都可以各擅勝場，未必非與某人相同，
這個社會需要一流人才，只要在自己的行業裡演得好，就是佼佼者。

漂流木的啓示

書房中有兩根漂亮的木頭，我一時半刻評不出它們的高下。

形狀完整，身上飄有奇香的那一根叫做檜木，是友人路過三義木雕街，花錢購買而得的，自我感覺良好，毫無疑問的認定，自己的價值超過對方百倍，非常值錢，不是一般木頭所能比擬的，自屬不凡。

貴氣的它，的確合適置放在高雅之處，尊貴的豪宅、氣派的客廳之中，而且要花銀子贖身，骨董傢俱書上有過它的身影。

檜木的好在於它有身分證明，正因爲如此，常招致盜木賊的覬覦，將它從山上活生生砍下，碩大的樹幹成了華屋的棟樑，小一點的枝幹成了名家桌椅，斷枝殘木製成聞香

瓶供人把玩，身世傲人卻也一世坎坷。

飄著異香的檜木聞香瓶在書房中伴我書寫，偶爾掀開蓋子，香氣溢流，醒腦一番，下筆便如行雲流水，不可自休。

另一根漂流木，是我在工作之餘的閒暇時光，加滿油箱，開車上高速公路，沿著海的方位前進，轉由濱海公路抵達岩石瘦骨嶙峋、波瀾壯闊的海邊，小心翼翼沿著斜角五十度的山崖，往下到海邊沙地拾取。

我總是氣喘吁吁的，喝了一口水，喘一口大氣之後，搜尋海灘，在暗無天日的消波塊洞穴裡，用退化的眼力，翻來覆去，層層撥開疊羅漢的漂流木，把它費勁拉了出來，並且從谷地揮汗淋漓地扛上路面，通常得休息半小時以上，方可回復體能，開車回家，即使如此不易，我仍然樂此不疲。

這些風化多年的木頭，造形美極了，有些張開了嘴，背部有鱗，尾部彎曲，就像一條龍，置於桌上當擺飾便很漂亮；有些被海蟑螂啃食出滿坑滿谷的小洞，形狀如山，種上一些小植物，宛如仙境，有些則形同天然鐘乳石洞一般，幽暗處置放一個泥塑小人，便有禪意。

天然形成的蛀洞裡，只要種上一株飄香的蘭花，置於客廳的茶几之上，就能吸引客人的目光；植株蕨類，造景獨特優雅，則別具味道。糾葛的線條，彎曲的身軀，本來就像一件天然的藝術品，根本不必我多做雕琢，就有如生動逼眞的鐘乳石洞窟，友人看得嘖嘖稱奇。樹洞幽深，足以使電線隱密纏繞，我便能製作完成一盞獨一無二的漂流木浪漫燈飾，人人曰讚。

朽木可雕也，只要看得出門道，就有奇巧，典雅不遜任何貴氣之物。

我懂了，兩根木頭事實上沒有高下，它們可以各領風騷，有人欣賞檜木的香氣，有人欣賞漂流木的靈巧。

這就彷彿垃圾與資源的道理一樣：把垃圾當資源，它是黃金；把資源當垃圾，則是廢物。

教育的道理與其非常接近，每一個人都可以各擅勝場，未必非與某人相同。這個社會需要一流者沒錯，但不是只有讀書人是一流者，設計家、編劇、導演、舞蹈家、歌唱家、有機農戶、牛肉麵達人……全需要一流人才，只要可以在自己的行業裡演得好，就是佼佼者。

《太空人與獨木舟》（時報出版）是我閱讀過的科普書最感動的其中一本，它彰顯的便是這樣的意涵。父親是個著名的太空移民專家，希望獨生子繼承衣缽，成爲聞名國際的太空理論學者，但兒子獨鍾海洋探險，喜歡挑戰獨木舟；父子爭執不斷，兒子吸毒入獄表達最深沈的抗議，父親因而得以反思，深感慚愧，決定讓兒子演他自己。出獄後的孩子朝著獨木舟冒險前行，成爲世界首屈一指的獨木舟冒險大師，父子再續前緣時，都是一方翹楚了。

我懂兒女的心思了。

兒子說他不想像我，不演心理學家，他擅長運動，未來想當運動科學家。女兒有藝術天分，文字書寫難不倒她，喜愛美學設計。她也不當心理學家，未來想演一位出色的設計師。

兒女問我，他們可否演自己？

你來替我評評理：

我該同意？

還是不同意？

我們知道的非常少，不知的非常多。

——拉魯拉斯

第四樂章

教育 相對論

身旁流轉過很多人，讓我不知不覺明白，
所謂的好，就是朝陽光的目的地前進，
往陰暗的方位走去的一定不好。
每個人來到世上，本來就有不同任務。
他們沒有優劣，只有合不合適，扮演得好不好。

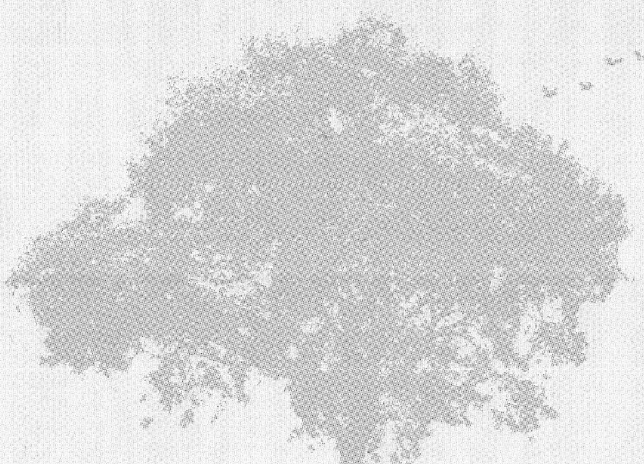

誰優秀？

一時半刻很難解。

表面，還是實際？

醫生，名醫，開業醫生，表面上看來是上流行業，當是好的，衣著光鮮，口袋多金，有何不好。可是有一天，我一早起來，睡眼惺忪，腦袋還迷糊著，從新聞中看見一位熟悉的醫生友人，前一晚燒炭自殺了，我驚嚇莫名，睡神全跑了，失了魂似的。

我真未料到這個帶著憂鬱神情，愁緒滿懷的醫生，竟付出行動，尋死去了。他不是玩笑的，而我卻誤判，以為只是一個玩笑，他比我想像的更不喜歡當醫生，以致於死了是他唯一的解脫。

事實上他最喜歡音樂，擅長小提琴，一首巴哈的〈鱒魚〉、韋瓦第的〈四季〉拉來絲絲入扣，琴音飛揚。而這樣一個人教其當醫生，實是一種浪費。

有人也許會問，做音樂有飯吃嗎？那得看來拉得如何？關於這件事，最好問問馬友友、羅大佑、李宗盛等人，不必問我。

有人同樣問道：唸中文有飯吃嗎？

張曼娟合適回答這個問題。

好不好不該完全由錢來決定，事實上，錢也只是表相上的決定。醫生友人就自嘲只是時薪很高的工人，可是他所失去的人生樂趣更多，無形的，難以計數。

從金錢的數字來算，他比我高出一截；可是從單位時薪來比，我卻比他高。他一天工作十多小時，我一個月的工作時數也許只有三、四十小時，照樣衣食無缺，怪不得他既不滿又不甘。

我不反對怪力亂神，因為我早發現有神，它的名字叫慾望，主宰著多數人的一生。令人難解的是，讀了這麼多書的人，竟連一點智慧都沒有進升，讀書幹嘛？讀書何用？

一輩子其實不長，能賣力工作的時間更短。根據估計，三十年是一個人的體力極限，可是逾七成的人，得用這個數字去賺取一棟房子，樣子很像長工，主人則是房子或者建商、銀行了。

假如讀書的目的只有使人更苦，宛如地獄，毫無質感可言，這樣的人生會不會太過悲情？

當一個人把一棟房子的貸款全繳清時，人也老了，會不會覺得很後悔？

朝九晚五的工作慢慢不多見，很多人朝九晚十，或者忙到半夜，最後夢然死在電腦桌前。

讀書、工作不該是用來找死的，它所負載的任務其實很簡單，該叫美好。

所謂的好，就是朝陽光的目的地前進，往陰暗的方位走去的一定不好。

每個人來到世上，本來就有不同任務的。

我的心思細膩，懂得聆聽，引人開悟，合適當心理醫生，或者勵志作家；但肢體不靈活，跳舞很笨拙的我，芭蕾舞者就免了吧。

釣魚翁鳥是天生的釣魚高手，入水出水，一氣呵成，絕不拖泥帶水，魚兒逃不出牠的利嘴。

夏蟬的任務是嘶鳴，清唱一夏，歌聲曼妙，給人天籟。

它們沒有優劣，只有合不合適，扮演得好不好。

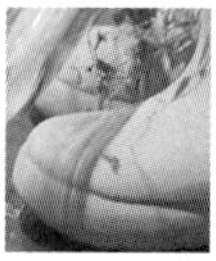

孩子可以用一百分換取家事免除權，考第一名就是好孩子……
我們的孩子除了與考試共舞，很多事情也許根本沒有做過？
一個有成就，但不理家人的人，怎麼想都不像一個真正的人吧。

成就輓歌

這個故事讓我一整夜都在旅館裡輾轉反側，難以成眠，一度遺忘了隔天還有重要的演講，以及現場的節目專訪，耽誤不得。

十一月是馬來西亞的雨季，狂洩而落的雨經常大方落下，把惱人的熱氣收斂起來，涼爽許多。我第一次應邀到馬來西亞國際書展演講，他們需要我大約講述演講的內容與專訪綱要，我說上一段，引發另一個故事。

K的舅舅就是這故事的主角，當地一位有成就的人士，在醫學領域很有口碑，可是他與拋棄老母親者竟是同一人，就令人匪夷所思了。據聞，他從小集三千寵愛於一身，父母疼、姐姐愛，因爲他是家中最晚出生的孩子，呱呱落地時，幾位姐姐都大了，等於是一個媽媽、三個姐姐把他養大，包括出國留學的費用，也是姐姐們一分一毫湊合湊出來的，學成歸國，很快就成了當地有名的人物。

後來，他想購買自己的房子，媽媽也替他出資第一筆費用，其他的則由姐姐們輪流攤付。他們有過好幾年風光，和樂的家庭，但豈料舅媽進門之後，風雨便來，起了浪頭。她與老媽媽硬是不合，常常差遣媽媽做勞累的事，像傭人一樣使喚，而兒子竟站在媳婦這一邊，最後心一狠把老人家趕回老家，不准她再來同住，老人家終日以淚洗面，近乎哭瞎了。

姐姐們不捨，聯合起來勸過她，老媽媽不從，想把她接過來與姐妹同住，老人家也不樂意，她覺得與女兒住在一起是沒有面子的事，最後選擇一個人孤零零在老家生活，種菜維生。

「舅舅哪裡出了錯？」

老K長嘆一口氣，問我一個人性情大變的理由，我未置一語，心中想著，首害應該是寵溺，其次是成就悲歌吧。

事情一度出現小小轉機，舅舅罹患重病，住院治療，發出病危通知，這件事老媽媽終於知道了，放心不下，再度從老家專程來到城市醫院，負責照料兒子。除了一般的醫療，老人家煲了很多秘方、藥材，經過幾個月休養，把他從鬼門關前救了回來，重新回到醫院當看診醫生。

原本，姐姐們以爲這個小弟弟一定會懂得感恩圖報，明白老媽媽的好，可是好景不常，老媽媽二度被趕出家門，再也沒有回來過了。

「是不是孩子笨一點，就會孝順一點？」

這是老媽媽離開前的最後悲鳴。

同樣的事，在台灣發現不止一回。有位老太太辛苦照養兩個孩子，全花了很長的時間讀了博士學歷，可是這樣的孩子未能體恤媽媽的含辛茹苦，臨老需要照顧的她，彷彿皮球，輪流被老大、老二踢來踢去，一住進他們家門，便可以感受到不受歡迎的壓力，來回數次，她的心都酸了。

老人家極不習慣這樣的安頓，彷彿無家可歸者寄人籬下，最後選擇一個人獨居，只要寄來安老的費用即可。初起還算準時，按月都有養老金，後來便脫月，以致中斷了，老人家要求數回，得不到善意回應，便找來記者控訴，語重心長的告訴父母們，成就不是一切，請教教孩子們孝順。

成就是什麼？

我一時半刻想不出答案了。

成就也許是登龍術，可以讓一個平凡的人，一夕之間成爲家喻戶曉的人物，在某一個領域中贏得口碑，口袋裡賺進不少錢，擁有功名利祿，但是父母的期待眞的僅止於如此嗎？

我們難道不希望這樣的人，也懂得奉養終老？

我們豈不期待這樣的孩子不止是名人，也是我們貼心的兒女？

可是在教育的歷程中，誰做過這些事？我們可以爲了成績，忘了爺爺奶奶的生日，孩子可以用一百分換取家事免除權，考第一名就是好孩子，我們的孩子除了與考試共舞之外，很多事情也許根本沒有做過？

如果成就是想要，孝順就是必要。

一個有成就，但不理家人的人，怎麼想都不像一個眞正的人吧。

惟孝順父母，可以解憂。

——孟子

有考試，就有勝負得失，這些壓力將全數移往孩子身上，
只能努力拚分數，無法快意演人生。贏的人上台，可是上台的人心慌；
輸的人下台，但下台者怨懟。考試沒有提供孩子陽光的人生，而是敵意的未來。

考試魔咒

讀經班的老師來函告解，說他懷抱大夢，要陪孩子興味十足地醉在經典裡，《三字經》、《論語》、《孟子》、《大學》朗朗上口，搖頭晃腦讀著「人之初、性本善」；可是遇上考試，讀經課漸次淪爲「壓力課」或「壓力鍋」，起初綻放如花一般的笑容，慢慢成了驚恐。

讀經是好事，可惜遇上一年一度的會考，美意全消。考前兩個月，不斷重複經文，一天八個小時，每節四十分鐘，小朋友像機器人一讀再讀，只爲了考試過關；至於經文內容呢？恐怕沒有人理會，家長只要求成績，老師有壓力，孩子更可憐。

大教育家葉聖陶曾有過感嘆，他說華人的教育最大的問題就是「考試」，什麼都能考，無所不考，只求過關，不求甚解；「以考毀智」，「以智毀體」，最後「以體毀德」，會考的都會了，可是不考的卻全不會。

由於職業關係，我的友人一度以醫生居多，他們多半非志願從醫，而是背負家族期望。其中幾位很明確的告訴我，醫生是條不歸路，他們壓根不喜歡，怪不得眉宇之間常添得一絲苦楚。

身在杏林卻不知醫療爲何物？夢想當個救苦救難的華佗，哎，算了吧。

原來經由考試得來的名位、高社經地位，並不牢靠，他們也是考試的犧牲者，並未因考試得勢，而使人生亮彩。

憎惡考試，其實未分贏家、輸家的，很少有人喜歡坐在火熱的烤爐上，享受自己烤焦的味道。

滿清十大酷刑，是我對考試的想像，把人五花大綁押上行刑台。

八十歲該稱高壽，但是讀書考試的歲月極長，有些人長達三十年，一考再考，大約只剩記憶力，缺乏獨立思考的能力，就屬勞力經濟，並非腦力經濟了。

這件事不止我憂心，洪蘭教授心疼，林火旺教授火大，很多遠見者大聲疾呼，可是快樂學習一事，依舊遙遙無期，在雲深不知處。

考試的好處除了優勝劣敗之外，我想不出來還有什麼，但，壞處卻罄竹難書。

考得很苦！

灰心喪志是考試的苦果，使得會讀書的人很苦，不會讀的人很悶，兩種人都想逃、想找出口。

出口有兩種，滿出來的叫宣洩，找人出氣，於是混黑幫、做壞事，傷害人；這些人在考場上不得勢，卻在另一處贏得桂冠。

要不了狠的人，只好自我傷害，輕者憂鬱，重則燒炭。

考出絕望！

如果考得讓人什麼都會了，也就罷了，但要是烤焦就慘了。

實驗室裡訓練白老鼠，進行餵食與電擊，當白老鼠吃食時用電電一下，久而久之會心生懼怕，不是不敢吃，就是心一橫不管了，為了吃不惜被電擊，這就是絕望。

考試考不出希望，一定絕望，你考你的，我寫我的。在教授的眼中，這種人是來混的，吃飽等死，但對孩子來說，卻是一種深沉的抗議。

考得很累！

天天考試，無所不考，怎能不累？

我親眼看見幾個高中的孩子、國中的學生，連上學都舉步維艱、步履蹣跚，我根本無法想像，天天睡眼惺忪的孩子，如何演好人生。

朋友的兒子留英返國，因爲太累，對什麼事也提不起勁，不想幹了，晨昏顛倒，三十五歲還在吃飽等死。

我明白箇中原因：累了吧，根本提不起勁，只好枉費所學。

考出自卑！

董事長朋友語氣嘲諷，指陳現在孩子不經用，問他會什麼？直說：「會讀書。」他大筆一揮，寫著不錄用。

這個孩子未必什麼都不會的，但不敢稱會，因爲除了讀書考試之外，他眞的不明白其他是否可以派上用場。這樣的孩子我遇過幾位，都說好自卑。

這些年來，我直覺考試是隱身殺手，偷偷摸摸砍人一刀。考試引來勝負得失，父母表面不講，但骨子裡在乎，這些壓力將全數移往孩子身上，只能努力拚分數，無法快意演人生。

贏的人上台，可是上台的人心慌。

輸的人下台，但下台者怨懟。

考試沒有提供孩子陽光的人生，而是敵意的未來。

考試夠多了，還有人建言加考英聽、英會？這些人大約還沉溺在英文可以與世界接軌的泥淖之中吧。

亞洲英文極差的是日本，行走東京街頭，想找人用英文問路比中樂透還難，但它卻是亞洲最能與世界接軌的國家，關於這點值得想一想。

試想，日本依靠的是迷炫的菜英文？

還是精彩的軟實力？

考試常出現聰明人難以回答的問題。

——王爾德

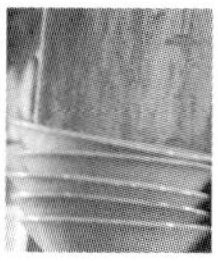

我們用另一種方式偷偷生產罐頭小孩：父母嚴密控制孩子的成長流程，精準的讓他們成為自己想要的角色，根本與量身訂製無異了。父母很像培養所的人，孩子像產品，通通規格化。

罐頭小孩

行爲學派大師華生這樣說過：「給我一打兒童，在良好的、由我做主的環境中，不管他們的天資、能力、父母的職業和種族如何，我可以任意把他們培養成醫生、律師、藝術家、大商人，甚至是乞丐或小偷。」

華生是個實踐者，終身堅持此一觀點，在日常生活中堅守立場，很少與別人交流感情，甚至對自己的孩子都不曾表現過愛心。無怪乎後世有人戲言：「心理學首先因達爾文而失去了靈魂，現在又在華生身上失去了思想。」

刺激與反應，成就與結果的工具主義，製作出來亮彩產品。

是機器？

抑或是人？

狂想者也許眞能設計出來一款量身訂製的「罐頭小孩」，附上說明書，清楚載明：身高、體重、嗜好、品味等等；未來的職業別：醫生、工程師、植物學家、電子新貴、物理學家、籃球飛人、羽球高手、作家等等，消費者可以依期望自由挑選。

罐頭小孩不必大人操心，只要依照指示，設計操弄就行了；也許不必學習，只要像燒錄光碟一般，五分鐘灌好所有程式，就能成爲父母喜歡的品項，例如：科學家。可是未經教化的科學家，會不會反而成了魔頭？生化怪物？這些被規格化設計出來的孩子，未來眞的幸福嗎？孝順父母嗎？

上述的罐頭小孩聽來眞像天方夜譚，卻悄悄存在多時，只是改換了形式：父母嚴密控制孩子的成長流程，精準的讓他們成爲自己想要的角色，根本與量身訂製無異了。

父母很像培養所的人，孩子則是產品，通通規格化，包括：

讀什麼學校？

補什麼功課？

補充何種營養？

做什麼戶外活動？

結交哪一類的朋友？……

孩子只要照本宣科，根本不必有意見，管你喜歡音樂、美術、運動、舞蹈，統統不准；賺錢是唯一指標，都得唸當時最可能賺到錢的科系，流行電子時就讀電子科系，成了電子新貴，流行醫學時就讀醫學科系，當了醫學家。

我巧遇上幾位籠中鳥，口徑一致，言明自己只是個被設計出來的產品，他們的父母親喜歡醫科，就被設計成醫學院的學生，努力唸完七年學程，當醫生的人，也許想當文學家。

不喜歡醫學的人當了醫生，聽來就有些怪怪的，非常毛骨悚然，會不會病人在他眼中只是一塊肉，而他是刀俎？不喜歡教書的人，當了教授，會不會只是誤人子弟？

夢想當狗！

這一點我完全不能理解，人其實還可以有更好的夢，爲何要當狗呢？原來媽媽回家時，對狗比對人好，常親膩的抱著寵物狗哈莉說：「我好愛你哦，眞是想你，讓媽媽親親。」可是一轉臉對孩子卻說：「還愣在那裡幹嘛，趕快吃飯就去讀書了，難道以後想擺地攤呀。」「眞是豬頭，連這個也錯。」

未署名的研究生來信訴說心聲，聽來極像客製化的罐頭小孩。他的夢想是音樂，但父母希望他當教授，他讀了四年大學、三年研究所，一共七年，正被逼著考博士班。他承認讀書的過程中並非完全沒有快樂，但是痛苦與疲憊佔據大部分時光；他因而變得焦躁不安，理想與現實互相對抗，因此變得很苦惱，害怕沒工作，又渴望實踐夢想……
短短一封信讓我很不中用的，再度讓淚在眼眶中打轉，但也略帶欣喜，至少我看見這個孩子已經在反思，想要突破困境，脫離罐頭。
這些孩子一定不快樂，可是有了工作，賺到錢，卻很不開心，眞是好事嗎？
壓力未必完全不好，但太大了一定不好。就如同只能承載一百瓦電力的燈泡，接上一千瓦、一萬瓦的電力，肯定短路，當壓力來襲，無從解決，以致身心俱疲，後果當是炸開了。
罐頭小孩的學習只是單面向的，input與output，但人生是多面的，不止有分數，還要有人際關係、健康、快樂與美學等等。我當過主管，明白純粹厲害的角色未必受歡迎，與人相處融洽，腦袋靈活，又有喜感的人，更受青睞。
孩子是人，活生生的人，最合適演他自己。他們並非演員，無法演誰像誰，人人都做了自己，才會快樂。
罐頭小孩，哎，頂多是個標識清楚的產品吧。

教育成功的秘密在於尊重學生。——愛默生

請讓孩子復活笑容吧！釜底抽薪之計在於：別再相信萬般皆下品，唯有讀書高。如果讀成失望，讀出疲憊，讀得辛苦，最後還一事無成，連一臉笑容都擠不出來，這張文憑就是無益的。

——沒有笑容還有什麼？——

吳念眞提到：台灣的孩子沒有笑容，可是沒有笑容的孩子還有什麼？

爲何沒有笑容？

我想起小學就認識的友人孩子，那時候他洋溢青春、活潑快樂，成天喊著叔叔好，是個有禮少年，可是國中之後，笑容便全收拾起來了，天天帶著愁容上學，連我的打諢插科，他都置之不理，當成無厘頭了，腦海中反覆背誦的是，哪裡多高？哪裡多長？洋流是什麼？東北有幾寶？

現在上高中了，書包沈重，心情惡劣，說話有氣無力，就是沒有一點笑容。他的父母問我，會不會罹患憂鬱症呀，我未置可否，但的確憂心著咧。

根據我的理解，沒有笑容就是不快樂。不快樂的人，只懂得負面思考，久而久之，當會憂鬱，腦筋出問題。

我認識一些不快樂的朋友，成就也許不錯，但下場全都不太好。有人是醫生，卻選擇燒炭；有人是教授，卻決定跳樓；有人是公司的負責人，經常借酒澆愁，愁更愁。

怎麼可能有笑容！

書包那麼重：大約六公斤；功課那麼多：要寫五小時；讀書那麼久：林林總總加上要十二小時；考試那麼慘烈：老師毫不費力就可以在一天之中考上五科、七科……逼使孩子心情糟得很，煩惱如毛，笑容早被不經意的雪藏起來，想笑也笑不出來了。

我認識笑容，它同我說過，笑意是人生的必要，沒有笑容很容易罹患憂鬱症，繼之淪爲精神病人，再慘一點就燒炭了。很多人的笑容屬於天方夜譚，因爲他們潛進的壓力遠勝過吐出的苦水，一直處於混濁狀態，等不到清澈時刻。

請讓孩子復活笑容吧！

這句話是祈禱語。

釜底抽薪之計在於，別再相信萬般皆下品，唯有讀書高。

有人質疑，難道學歷不重要嗎？

不！

應該這麼解才是：如果讀書讀出名堂，有番別於他人的見解，受到喜愛，成就一家之言，這張文憑就有效益，屬於有用的讀書。反之，讀成失望，讀出疲憊，讀得辛苦，最後還一事無成，連一臉笑容都擠不出來，這張文憑就是無益的。

劉向在《說苑》一書說出妙語：「書猶藥也，善讀可以醫愚。」但得先了解，它是良藥？還是毒藥？

杜甫所謂：「讀破萬卷書，下筆如有神。」應該不包括一切考試用書，一考再考的筆試，毫無止境的荼毒。

孔子相信：「知之者，不如好之者；好之者，不如樂之者。」應該是眞的。

只有知之，應屬三流。

知之兼好之，則爲二流。

知之、好之、樂之三者兼備，鐵定是一流了。

一流者，陽光燦爛，豈會不笑？

如果依照智力來推斷誰比較聰明，將有百分之七十以上的孩子被忽略。

——保羅托蘭斯

沒有一個人喜歡被看缺點，但多數的大人卻都愛看孩子的缺點。
這種矛盾糾結，真是怪異，他們都知道被讚美好開心，
卻偏偏不承認孩子擁有足以被人讚美的優點。

優點與掌聲

意外抵達偏遠的馬來西亞的烏雪，熱情的葉律師動員村子裡的人手賣力售票，講座在雨中來了三百多人，連他們都在設想之外，那一天賣了比我想像還多的書，人人眉開眼笑。

如果事先讓我知道交通那麼堵、路途那麼遠，來返六小時，半夜方可進旅店休息，我八成不會答應，演講的邀約可能胎死腹中。

可是當天除了身心俱疲之外，竟是心滿意足，會後問題一籮筐，我有些難以招架，累歪了，但依舊耐心回應。

「缺點」教育是我的發現，也是華人最大的問題，當是我們與西方教育觀的最大差

異：我們習慣看缺點，人家卻用優點看待孩子。缺點其實是個討厭的東西，我問過為數眾多的成人，沒有人喜歡被看缺點，但多數大人卻都愛看孩子的缺點。這種矛盾糾結，眞是怪異，人人都知道被讚美好開心，偏偏不承認孩子擁有足以被人讚美的優點；可是當我提點幾件事，他們皆可意會，原來打掃廚洗也可以算是優點。

每個人的身上都有優缺點，端賴如何看，我便是一例。

我是個有才華的人，至少敝帚自珍，覺得還不錯。

藝術是我的天分之一，即使非科班出身，從未拜師，沒有經過歲月的淘洗，一根漂流木在我手上照樣可以種出一盆曼妙的花，做出一盞光線昏黃、氛圍優雅的燈具，友人們頻頻讚美，伸手索取。

我善烹飪，給我食材，就能扮成巧婦，煮出有米之炊，張羅一桌飯菜，大約能吃，或曰好吃。

女紅也難不倒我，小時候，同學都笑我是女生，喜歡織布、縫紉、針繡之類的，大約也沒有師承，只因喜歡，便能縫縫補補了，刺出來的針繡早數散佚，留下一兩幅，稱得上佳作。

我能運動，大致上是想學的運動都學得來，而且玩得不錯，鬥牛、羽球、足球、跆拳、拳擊、田徑……，未必輸給很多人；可是我的這些體育才華，只有老師否定，小學時所有的成績都是甲，只有體育是丙，眞是冤枉。老師一定用身材打成績，當時我只有一百二十八公分。

即使這些我號稱懂的、不錯的、端得上檯面的，由於沒有深入受教，就無法像寫作與心理學一樣化身一流者，成了謀生工具，這些天分只好徒呼負負的淪爲二流，或者三流了。

我會的不少，但不會的更多。

我對舞蹈一直有恐懼感，無論怎麼學，都上不了軌道似的。我崇敬舞技一流的人，坐在台下，欣賞其曼妙舞姿，行雲流水的動作、高來飛去的蹬跳，直呼過癮。

雲門舞集的舞作是我極爲欣賞的，托著腮幫子，若有所思，但就是無法像太太一樣一眼便窺知深奧，多虧她指點迷津，才能在觀賞中撥雲見日，顯見她的藝術天分更高一層。

電影也是我喜歡的，可惜對它隱伏表達的義理，時懂時不懂，自覺魯鈍，但是太太就能把電影解析得絲絲入扣，連兒女兩人皆極爲佩服，直說她是天才。說的也是，怎麼有人一看就懂深義，讓我慚愧。

不過，想起電影《心靈捕手》中的一段話就釋懷多了。主角是一位微積分天才，女友問他，爲什麼微積分他一見就會，而她卻不能？主角也疑惑，他說貝多芬爲何一看豆芽菜就有音樂，他看了很久就是看不出音樂。

巧妙的對話，解了我的迷惑，任督二脈通透。

我的優點極好，缺點極差——

看見優點，我極好，看見缺點，我便極差，道理簡單。

孩子亦復如是。用優點的角度視之，體貼、窩心、懂事，運動能力不錯，有藝文才華；反觀缺點，就變成了功課不好，很愛頂嘴，迷上電腦，愛玩。前者得了掌聲，後者會被責罰。

我喜歡被讚美，同時知道人人都喜歡；我十分肯定，如果讀者大大讚賞這本書，說它寫得極好，我將被鼓勵，下一本寫得更好。

這就是鼓勵的魔力。

教育的藝術，在於懂得引導，那是一股正向的力量。

——艾米爾

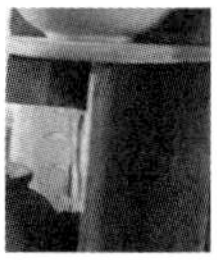

父親從不執著，只有等待，經由歲月淨化，緩緩移植給孩子。他的不疾不徐，使我按部就班，像一位習禪者，順應父親一呼一吸吐納，把看似不重要、卻有韻律的事理擺放於心。父親的小事，是我的人生大事。

從小事做起

父親愛做的事，大約都是小事，卻像是一盞明燈，照亮我的前路，成爲有用的人生哲學。

助人是其一，他並非有錢人，無法一擲千金，但憑借一己帛力，也幫了不少人。「有能力幫人就是幸福的。」應該是他的座右銘。

可是我們有能力嗎？

我依舊存疑。

務農的我們，柑橘、竹筍是主業，可以賺取一筆小錢維生；雜貨店是副業，養雞是偏財，這些收入尚可以貼補家用，不無小補。

小雞到成雞，大約八個月，可以販售換錢，但爸爸卻常從雞籠中捉起一隻，綁牢繫緊，放在腳踏車的後座，載給窮人加菜。

爸爸一定忘了，他本身就是窮人。

雜貨舖是我家金庫，唸書上學的開支，由它支應，可是父親把這家店經營得很像提貨中心，賒欠的人老比付現的人多很多，一本日曆上滿滿的全是冤親債主，我翻了翻，幾乎天天都有人欠債。

農曆年前，母親戴上老花眼鏡，利用微弱的燭光、古老的算盤，點撥欠帳總額，用一大張紙條匯報給父親，我擔綱收帳小弟，挨家挨戶討錢。

年節過得好不好？由還帳的人決定，萬一回收狀況不佳，媽媽就愁眉苦臉了。可是父親就不同了，除夕前一天，他會總結帳目，未收回的錢，放一把火燒了。

「燒了，那錢怎麼收得回來？」

我很納悶，父親看出我的心思，轉身告訴我：

「我們的錢都收回來了，收不回來的，應該不是我們的。」

父親喜歡喝茶，賣柑橘得了一些錢，便轉入巷弄之間的茶行，買上兩斤，一斤茶質好的，一斤劣質品。

優質的茶用來奉茶，劣茶自飲；奉茶亭自製，擺在路旁，供遠行的路人口渴時，停下來暢飲一杯。

奉茶亭是用竹子編成的，從砍竹、削皮、陰乾、編織，不假他人，大約三天之後完成，架在泥土堆上，熬煮一壺清茶，大熱天給來往的人解渴，有如荒漠甘泉。

這些小事藏的學問，我一時半刻無法理解，必須等到長大成人，有了智慧，才慢慢體會這層心思，咀嚼他收放自如的哲思。

他非教育專家，沒有上過大學，未修過教育學分，也無法朗朗上口上得了檯面的理論，無力與人爭辯教養中的對與錯，甚至有些想法根本就是道聽途說的，沒憑沒據，但卻始終如一奉行，身教似地一點一滴潛進我的內心深處，那個叫做潛意識的地帶。

我師承他的套路，才明白這些意義深遠的事早影響著我，有些雋永得像一瓶放在地窖多年的老酒，烈焰消褪，正欲回甘，成爲我的人生哲學。

他從不執著，只有等待，經由歲月淨化，緩緩移植給孩子。他的不疾不徐，使我按部就班，像一位習禪者，順應父親一呼一吸吐納，把看似不重要，卻有韻律的事理擺放於心。

他提點我，做人要：努力，有愛心，熱情，謙遜，設身處地替人著想。

父親的這些小事，緩緩成爲我的人生大事，引領前行，現在自己當了父親，正一分分的消化、提煉他的態度，準備慎重的交到孩子手上。

最近煉了一些智慧丹藥，很感性的告訴兒女：

「聰明者把困難當機會，愚蠢者把機會當困難。」

他們回我一抹笑。

但不知：

懂？

還是不懂？

智慧有三個基礎：看的多，研究多與經驗多。

——加茲爾

順應自然與適才適所，是我對教育的奉行。任何事情離開本性，恐怕都不會有所成，即使優秀，但也不快樂，何苦來哉。

「教育並非教人知道他所不知道的事，而是使人學會他所該會的事。」

順其自然

明式傢俱收藏的一代宗師王世襄老先生說，他喜歡玩、很會玩，但玩得很有學問，這句話令我印象深刻，一直盤旋在腦海之中。小時候，農忙之餘唯一的活兒，大約就是玩，誠如王世襄先生所言：「玩出學問。」

老家附近有一條清澈小河，當是童年聖地，一群小朋友無憂無慮在此玩上一夏也不厭倦。河段彎彎曲曲，把村子包攬起來，再向外奔流，由泉源流出的水流本只是涓涓細流，慢慢延展成滾滾長河，隨著高低落差，形塑出不同的景致，宛如桃花源。

河畔繫有一條小船，主人用它橫越渡河，抵達對岸的果園耕作，收成之後就閒置河邊，成爲我們的玩具。這一葉扁舟，常被頑皮的我們趁主人不備，私自鬆開麻繩，三、四個小孩合力推動小舟，往河中划去，順流而下，毫不費力地很快就越過幾個沙洲，到達遠方，直到水流緩了，才慢慢停下。

可是這下麻煩來了，怎麼划回去？

順水推舟非常容易，速度飛快，回程則是逆水行舟，可難咧。三、四個乳臭未乾的小孩，有如縴夫，或划、或推、或拉，青筋暴露，使盡全身力道，花了近兩小時，才把船兒拉回原位。順水推舟，我們僅僅花了十幾二十分鐘，就到達同一距離，相差的時間何止數倍計。

順，在我心中埋下伏筆，有了不凡的味道。我查了字典，明確它的意義，找著「順風吹火」、「順風轉舵」、「順藤摸瓜」等辭兒，順，看來是有加速的效果，應該對人有所助益。

別人常以爲我是個厲害的角色，而我當是最有自知之明的。我只是順應自己的長處——我的第一，當是才華之中最絕色的，如果連這一方面都輸人就別混了。但我也有第二、第五、第七流，甚或九流、不入流的才華，卻不會以此謀生，表演出來會讓人看笑話的。

所以選擇寫作，當是我對文字有一定程度的駕馭能力，可以應付自如，在這個領域最有把握，它最能展現我的特色，讓文字舉棋擺譜，事半功倍。

同一種事，採取不同的表現方式，味道不同，但如何決定表現方式，還是在自己。我用文字寫出人生哲學，而林懷民老師用鏡花水月闡述生命省思；朱銘當是使用太極，李安的所思所想藏在《臥虎藏龍》裡。如果李安用雕塑，朱銘去雲門，味道就不像了。每個人身上都有各自的順流、逆流，順水推舟容易多了，逆水行舟當是苦。

方式不對，人生不對；時序不對，作物不長，四季的律令也如是。

我有一座屋頂花園，是怡情養性之境，忙壞了、累著了，便登頂樓品茗清談一番，兼賞夜景。我植株了一些花草，種了一點當令蔬果，偶有來客，便可隨時宴享友人。

種植蔬果一事，我有些體會，栽植的季節錯了，便長不出來。

比方說：

絲瓜是春夏的作物，我曾試過冬天栽種，就是長不好，春天播種、夏天收成是最好的狀況。夏初播種，初秋收成也不成，絲瓜小上一號，此外還得留意加水施肥。懂農事的朋友告訴我，這叫律令，也就是生長時序，人是作不了主的，只能順天而爲。

務農的童年，家裡養過雞、鴨、鵝、豬，父親飼養的牲畜有口皆碑，他按的是正常規律，一寸寸變化，長得極慢。長太快的統統有問題，大半是添加生長激素，這種雞鴨體能不佳，肉質鬆弛，沒有嚼勁，更重要的是不利健康。

順應自然與適才適所，成了我對教育的奉行，任何事情離開了本性，恐怕都不會有所成，即使優秀，但也不快樂，何苦來哉。

魚必須在水中悠遊，鳥理應在空中遨翔，馬要奔馳於草原，北極熊還是合適白雪皓皓，這是定律，也是眞理。

我常閒行海邊，拾取漂流木，在巧思打造下成了曼妙的夜燈、植栽器皿、桌燈，或者造型優美的飾品。

友人問我，怎麼做的？

順其自然就對了。

朽木亦可雕也，端賴是否懂它。每一小段木頭都有自己私屬的紋路、肌理，能製成什麼作品，各有不同，取出巧妙處便可渾然天成。

音樂愛好者成爲音樂家，藝術品味獨特者成爲藝文人士，宅心仁厚者當醫生，作育英才的人留在學校春風化雨；每個人都做自己能做的事，不是很好嗎？

拉斯金這樣詮釋教育：「教育並非教人知道他所不知道的事，而是使人學會他所該會的事。」

孔子教人，各因其材。——朱熹

千里馬要有伯樂，而父親正是他最有力的支持者，對他的設計永遠讚不絕口。幾次跌落谷底，父親都疼惜的告訴他，做自己就好，重要的是成為敬業的人。孩子的頭上都有一片天！看得見的父母就屬伯樂了。

伯樂

裝潢工作室，友人經人介紹認識了一位設計師，圓滾滾的身材，說話輕聲細語，口頭禪則是：「不急、不急。」彷彿心理醫生，先把家的情形問了一遍，了解主人的個性與想法，再著手構思設計草圖。

他的設計理念與眾不同，很有心理學家的架勢，經常站在主人的立場思考，想及他人的需要，而非只是自己的設計堅持。

工期約莫有一個半月，友人意外發現，設計師不是學設計的，而是電機工程方面的專家，大學修習機械工程。設計是他的旁門左道，算是門外漢，可是他從小便辨明，自己有藝術與音樂的才華，喜歡設計生活用具，並且認眞的把它做出來。

他沈醉設計的時間遠遠多過功課，常至廢寢忘食的地步，往往換來媽媽的一頓罵。相對的，爸爸比較寬容，安慰他勿與媽媽計較，不僅偷偷帶他去大快朵頤一番，也陪他閒晃書店尋找設計類作品。

千里馬要有伯樂，他的父親正扮演這個角色，是最有力的支持者，對他的設計永遠讚不絕口，反觀媽媽就毫無妥協的跡象。那個時期機械電子很熱門，他成績不錯，被半逼迫半威脅半恫嚇的朝著這個方向前進，考上了當紅科系，可惜大學混了四年，連他都不敢相信自己是機械系畢業的學生，可是除了它之外，他還可以從事什麼行業？

友人眼尖地發現在工地散亂的木料堆中有一把吉他，不禁狐疑：有人邊做工邊彈吉他的嗎？順口一問，原來是設計師的，他常常自娛娛人，在指尖流洩中抒發情緒。

他不吝嗇彈奏，一連幾首，曲曲動聽，果真是行家。

父親是他的伯樂、支持者，好幾次跌在谷底，都略帶疼惜的告訴他，做自己就好，重要的是成爲敬業的人。

這話很有影響力，牽引他思索一事：自己是誰？

機械工程師？

或者設計家？

心意已決，他決定自己創業。開立設計工作室時，父親成爲貴人、贊助者，偷偷塞了一筆私房錢當他的創業基金，鼓勵他把別人的家當成自己的家設計，就會贏得口碑，口耳相傳。

父親拍拍他的肩膀，囑他大步向前，別怕失敗。他引經據典提點：「沒有任何一項成功，是由成功到達成功，全數都是由失敗開始，成功告終的。」

這話似禪宗的棒喝，給他極大的震撼，他明白失敗是常態，不必害怕。

錢是工作的理由，但不是工作的全部；優秀的人是爲夢想而做，差勁的人是爲金錢而活。這也是父親的提點，他奉行不渝成了座右銘，設計時總是一心想著案主的需要、動線與美學，而非單純的念及利潤與財富。

沒有父親這位伯樂，理應不可能有他這匹千里馬，伯樂與千里馬原來是相應的關係。

人的頭上都有一片天！

看得見的人就屬伯樂了。

我迫不及待想要這個設計師的電話，也許未來用得著。

友人雙手一攤，扮扮鬼臉，搖搖頭說：太久了，早已失聯了。

天才是帶著一把燈火，並尋找自己的道路的人。　——威爾摩特

文韜武略要相輔相成，方可成就一番事業。
武的部分包括體力、健康、毅力與奮戰不懈等身心靈的陶養，對孩子至為重要；
健康者的人生屬於「長路」，不健康者就是「短路」了，而長路才有無限可能。

——允文允武眞人才——

浸淫歷史風雲中有段時日，添得一點心得。以前聯考得考，非背不可，有了輸贏，對唐宋元明清的歷史，萬般憎惡；再次溫習，竟發現越讀越有味，進而得了一些啓發、一點開悟，原來歷史中藏了很多值得反思的故事。

狀元人人喜歡，他是文人中的佼佼者，考試常勝軍；所謂的第一名、考得最好的，我們常以「中狀元」稱之，任何一種科別，只要考了第一名，總會有人歌功頌德一番，說他多厲害云云，可是我從歷史的資料中卻發現完全相反的結果。

科舉大約從隋文帝開皇七年起始，清光緒三十年結束，歷經了一千三百一十八年長長的軌跡，總計出產了八百八十六位狀元。這樣的長度夠長、人數夠多，可是想找幾位識得的、對國家社稷有所貢獻的，竟少之又少。我曾不止一次在演講中提及這件事，詢問在場的數百位知識分子，竟少有人能答。

我能記得的也是寥寥可數。一是書寫《正氣歌》、《過零丁洋》的文天祥，而我記得他，並非因爲他曾考上狀元，而是忠心耿耿，從容就義被殺於元朝大都，也就是今天的北京城。我一遍又一遍的反覆吟誦他那感人肺腑的詩篇，動容不已。

二是代替光緒皇帝夜訪康有爲的翁同龢，我識得他也非因狀元，而是他的骨氣，明明知道這件事若讓當時的慈禧老佛爺知道，鐵定身首異處，爲了國家他仍情願冒險，單單這一點就很像狀元了。

可是重文輕武的朝代，幾乎註定是不富強的，宋朝開啓了這樣的簾幕，清朝謝幕，我們僅得了個「東亞病夫」的名號。

宋之前是漢唐，這兩個朝代可非如是。漢朝是武功韜略強大的國度，兵強馬壯，誰都不能侮，土地是掠奪而來的；唐朝則文武兼備，疆土是藩鎮歸化的。兩者稍有不同，但都是強化武術的朝代。

我從一本早忘記名字的書中得知，原來人們以爲弱不禁風的文人，如李白、王維、白居易、杜甫等，皆擅武功，李白尤其厲害，號稱劍俠；而武將們也不遑多讓，他們能寫詩，在邊關戍守時，敵人尚未來犯，閒來詩興大發，一首首寫了下來，成了一種獨特

的詩派，稱爲「邊塞詩人」。看來漢唐盛世絕對與強健體魄脫不了干係，個個能文能武。

看來，文韜武略要相輔相成，方可成就一番事業。武的部分包括了體力、健康、堅持、毅力與奮戰不懈等身心靈的陶養，對孩子至爲重要。專家的研究指出，健康者比起不健康者的學習效果多上一點七六倍，表示健康的學習者，練習兩天便敵得上他人學習三天了。關於這一點，其實根本不必專家註解，我們當然明白，不生病時的工作效率遠勝過生病時，經常生病者就根本不必說了。

研究同時證明一件事：健康者的腦袋清楚多了，更有文化厚度。

健康者的人生屬於「長路」，而不健康者就是「短路」了。長路有無限可能，比方說：三十歲未發生的事，四十歲可以發生；五十歲未圓的夢，六十歲圓了。

成就者並非只有專業過人，對健康的付出也是有目共睹。王永慶用長跑滋補體力，一跑就是五千公尺；諾貝爾化學獎得主李遠哲喜歡網球；我認識的一些企業家以高爾夫球健身；有些董事長好友則很懂事的打起羽毛球。原來事業有成者，健康是「必備」的關鍵條件之一，沒有健康，幾乎肯定沒有一切。

我對孩子健康的要求非常堅定，遠勝過分數、成績、考試。兒子大約三歲、女兒五歲時就陪我上球場玩樂，我打球他們負責搗蛋，慢慢熟悉健身的氛圍，在球場上我什麼也沒教，但他們已自取足以活化人生的寶石了。當他們的同學隨著歲月流逝，考試壓力大增，紛紛體力不繼，水不到渠不成時，他們才蓄勢待發正要開始咧，而且意氣風發說著夢想，聽來令人感動。我不僅讓家成爲「書香傳家」之所，更把富國強兵掛在嘴上，讀書人不該是弱雞，而是健康的強者。

我喜歡爬山、溯溪、攀岩、浮潛、打球等，努力於文采之外的健康大事，而它也的確使我的文章更陽光、思維更具遠見。健康的好處我知之甚明，兒女因而被我帶向山水之間，徜徉於大自然，這些年來看見他們的眼神日漸深邃，笑容可掬，大約明白這項決定是對的了。

很多事情本該不急的，因爲急也無濟於事，只要努力，明確方位，懂得向前行，能量蓄積夠了，焉有不成之理，剩下就是等待了。等待靠的是時間，越磨越精湛，可是我們的孩子耐磨嗎？小時候讀過鐵杵磨成繡花針的故事，指的是毅力的重要性，現在來看更是體力吧，沒有體力休想辦得到。

醫學家說，健康在，什麼事都可能發生。

嗯，說得眞好，我越來越相信了。

學問是富貴者的裝飾，貧困者的避難所，老年人的糧食。

——亞里士多德

本事就是門道，學通了，方可「芝麻開門」。黑貓白貓，可以捉到老鼠的，就是好貓。否則花了幾十年的功夫，醉在書中，卻連一隻老鼠也捉不了，實在很難自圓其說。

假學歷VS.眞本事

愛因斯坦與愛迪生是兩位我所崇敬，書唸得不怎麼樣的專家，他們幾乎異口同聲不相信天分：「我們只有一分天分，九分靠努力。」

「天分」與「努力」這兩個名詞，很有意思地，巧妙闖進我的思緒之中。

很有天分的人，讀書考試永遠難不倒，第一志願宛如囊中物，垂手可得。可是畢業之後，很多人缺乏被任用的機會，沒有上過工，賺不到薪水，眼高手低，根本瞧不起低薪，卻找不著高薪，身上的一股傲氣，讓主事者望而卻步，天分根本無從發揮，就更談不上夢想了。

有高學歷，卻往往少了眞本事。

一位山友與我成了忘年之交，很談得來，我們經常不期而遇，談天說地。本以爲這位老校長是個開朗的人，怎麼會是個避居山區的潛遁者，有一回，我們坐在峰頂，他聊及兩個孩子，嘆息聲卻從未間斷。

老大留美是哈佛大學博士，老二是英國劍橋碩士，按理說前途似錦，可是兩人年過四十了，分文未賺，依舊是標準的「寄居宅男」。

找不著合適工作，多年之後便不工作了，而今則是覺得自己根本不合適工作。可是老校長反問：有誰合適工作，如果不工作就有錢，誰想工作？金錢不是經由工作得來的嗎？連珠炮的埋怨，讓我來不及反應。

兄弟倆並沒有不良嗜好，酷愛閱讀，天天背著大包包，在圖書館裡待上一整天，傍晚踏著霞光返家。

週休兩天，還會陪媽媽上菜市場、教堂禮拜，像個貼心老寶貝。

他們倆都愛音樂，小提琴拉了十多年，裝備一應俱全，乍看似行家，老校長卻嘆了一口悠長的氣：「真不清楚在拉什麼，都十年了，一拉再拉，非常用力的拉，還是ㄉㄖㄇㄈ，懸在七音之間。」

老校長兀自埋怨起來：「從事教育三十年，才發現自己不懂教育。」

他承認自己士大夫觀念嚴重，士、農、工、商一字排開，士最大，希望孩子是讀書人，知識分子，社會菁英，一流的人。

他叮囑小孩：「好好唸書就有前途！」

兩個孩子背負使命，意志堅定，戮力向前，圓了夢，在讀書的領域算是名列前茅，考過托福出國留洋，百尺竿頭，再上層樓。可是萬萬沒有料到，竟因過度努力而讀出問題，腦袋短路，開始出現自言自語、碎碎叨念的精神病兆，常常鬧脾氣，一發很難收拾，有一回，甚至生氣對父親大吼：「你不是說有學歷就有財富嗎？有嗎？」

語畢，兄弟倆扭頭甩脫離去，留下啞口無言的老校長，掛著長長的淚，呆坐在客廳裡，難受到天明。

他長期迷信分數、學歷、文憑，可是老闆卻不只看學歷、證照等「書面資料」，還要求有人格、品德、專業、創意、遠見與人際關係等。

校長語帶哽咽：「是我害的，讓他們成了中看不中用的空心樹。」

近距離看過兩位老小孩，眞是不勝唏噓，心中反覆思索著，如果他們不必放洋去讀書，不必勞碌於功名，不必囚禁在朗朗的讀書聲中，而是去學習最愛的音樂與雕塑，人生會不會有所轉折，潛進花團錦簇的地帶？

閱人無數的董事長解了我的迷思。他說假學歷與眞本事不同，公司是商業體，講究投資報酬率，並非慈善單位，缺乏本事者進了公司，被人錄用實是累贅，他不看學歷，改試能力。

本事就是門道，學通了，方可「芝麻開門」。

黑貓白貓，可以捉到老鼠的，就是好貓。

否則花了幾十年的功夫，醉在書中，卻連一隻老鼠也捉不了，實在很難自圓其說。

黑貓？

白貓？

我得好好拷問一番，我的一雙兒女可是能捉老鼠的「本事貓」嗎？

學問之益，不在於讀書之多，而在於運用之熟。

——斯邁爾斯

與衆相同最大的麻煩就是沒有鑑別力，誰都可以取代，找誰都沒什麼兩樣。
我很難想像，大家都考一百分，那一百分的價値是什麼？
大約只有一成懂得與衆不同：在森林裡看見兩條路，決定走人煙稀少的那一條。

——九比一的哲學——

我與孩子討論與眾相同和與眾不同的問題，孩子說：「大家都這樣。」

但我則反問：「你有什麼與人不一樣？」

因爲不一樣的，才是寶貝。

芸芸眾生之中，九成以上很相近，按著他人設計的地圖行走，沒有自己的意見與想法，一路考試、讀書、就業，學歷傲人，但能力就不得而知了。

朋友的孩子選擇了這條與眾相同的路，我一路看他成長，高中聯考放榜，我恭賀過他，高分考上第一志願，家人全替他欣喜，他自己也開心極了。沒多久，他再度投入下一場戰役，朝六晚十，游走於學校與補習班之間，再度順利上了第一志願，友人們祝賀他百尺竿頭，更進一步。

轉眼大學畢業，找工作不順利，他開始害怕工作，不想工作，甚至憎惡工作。

家人也從得意者淪爲憂傷者，不知所措。

他缺什麼？

我猜是「能力」。

與眾相同最大的麻煩就是沒有鑑別力，因爲大家都一樣，誰都可以取代，找誰都沒什麼兩樣。我很難想像大家都考一百分，一百分的價值是什麼？

讀書的意義不在結果，而是歷程；不在於會不會，而是可否運用。他死背了很多課本的常識，卻無法轉化成知識，遇上人生經驗豐富的老闆，隨便一個考題，便被考倒，老闆怎肯掏出白花花的銀子進用這個人。

太過相像，歷程一模一樣，只差考的學校不同，水泥化的腦筋卻相同，無力變化出老闆要的花樣，受到青睞的機會就少了。

考上大學，身心放鬆，猛玩對戰，晚睡晚起；平時不看書，考前再翻書，沒有目的性，不下苦功追尋，口頭禪則是：大家都這樣。

大約只有一成與眾不同——美國詩人佛洛斯特說：森林裡有兩條路，他走人煙稀少的那一條。

我常爬山，走過野徑，出沒於蠻荒之地，很多小路早無人跡，必須披荊斬棘。這樣的路不好走，芒草在手上、臉上、腳上劃出一條條傷痕，滲出血漬，疼痛幾天難消，但很有成就感。

哲學家提醒我們，經驗與閱歷摻雜一起，就是智慧了，這些人是未來的智者。

學歷與學問根本不同，學歷可以用混的，讀了四年，沒出什麼錯，大學便畢業了，文憑入帳；考上研究所，又沒有什麼差池，論文寫出來了，碩士再度進帳。可是寒窗苦讀得來的成果，看來只像一張薄薄的紙，根本無用。學問是要吃苦得來的，爲別人所不爲，像海綿一樣廣納知識，如大海一般涵納百川，並且相信人生非靠努力不可，沒有白吃的午餐，想得什麼果就得怎麼栽，所以吃得苦中苦。

我告訴兒女：

可以不讀書，不可不努力；

可以沒學歷，不能沒學問。

學問是日積月累的，馬虎不可，沒有僥倖，滴水方可穿石。

求學如種樹，夏天開花朵，秋天結果實。——愛因斯坦

父親的親身示範，決定了我的善與不善。這些關於慈悲喜捨的教導，他是完全不著痕跡的，卻給了我莫大的影響，我稱它為文化基因，發願要傳遞給孩子們。

文化基因

基因有兩種形制：

遺傳的，DNA決定。

文化的，環境決定。

父親約莫給了我這兩種混合形式的基因。遺傳的，決定我的會不會，好與不好，天才抑或平凡；後天的環境，他的親身示範，決定了我的善與不善，而這些關於慈悲喜捨的教導，他是完全不著痕跡的，卻給了我莫大的影響，我稱它爲文化基因，發願要傳遞給孩子們。

我們從未富有，但父親卻一貫保有樂觀，助人爲樂，有著自己好別人要更好的想望。即使因為過度樂觀，而惹來媽媽的不滿，他依舊我行我素成為助人者。

老家附近有兩位膝下猶虛的老人，約莫七八十歲了，以拾荒維生，父親當村長時特別照應他們的生活，常常叮囑我們路過兩老家門時，探頭望一望，看看是否還有人聲，需不需要幫忙。

阮囊經常羞澀的我們，米缸未必飽滿，月底常常粒米未剩，靠著地瓜果腹，偶爾賣出一大筆雜貨，方可解危，補進一袋新米。可是老人家的米缸比我們更常空著，爸爸總是想方設法把他們家的米缸先行填滿，再回頭填充自家老甕。父母間的爭執常常來自這件助人的好事，我們見怪不怪，就由他們自行解決了。

媽媽的名句是：「生吃都沒有，哪來曬乾。」這話我慢慢了解意思，是指自己都不夠用了，哪還有閒力助人。

爸爸笑咪咪，笑罵由人。

宜蘭是個多雨的城市，常有颱風，即使沒有登陸，也會裙襬掃過，釀成災禍，路斷橋塌。爸爸則帶頭邀集眾人樂捐，一個缽，兩條腿，四處化緣，修復斷橋。

他做的事常是苦差事，未必有所回饋，卻甘之如飴，數十年如一日，一直是行善團的一員大將。

我們家種過桃子、李子、金棗、橘子、竹筍等，算是經濟作物，可是他從不吝惜把

生產的農產品，留下百分之一、二十與村子裡的人共享。他的好意往往換來他人善待，我們家經常收到鄰家種的菜、養的雞，一長條的豬肉塊，當成回禮。

這些陳年往事，如今成爲我人生之中最大的厚禮。

我對於教育與生活美學有一定的見解，也許還是個受歡迎的作者，有人願意隨我上山下海，這些特質，原來是拜父親所賜。

他教我人要有三氣：

勇氣。

骨氣。

志氣。

要有二心：

善心與愛心。

微不足道的德行，意外在我的世界中發酵。

薄利是父親的堅持，他相信薄利可以多銷，他的利潤往往只有二毛、四角，乍看不多，但積少成多。我的個性在他影響之下，彷彿同一個模子印出來的，我的一本書定價二百五十元，初版版稅每本二十五元，即使帶著書四處銷售也不敢獲取高利，因爲書在我心目中是種籽，買來種下，化身大夢。

我開辦了人文旅行講座，受到很多讀友喜歡，過程辛苦卻無利可圖，唯一獲得的，大約是快樂，引領人們走向人生最曼妙的標的、美好的生活。

看來下面這句話是對的：

上醫，醫心。

中醫，醫身。

下醫給藥石。

一把常識值一斗學問。

——英國諺語

教養生活㉕

深情——教出懂愛、用心、有情的陽光孩子

作　者——游乾桂
主　編——郭玢玢
美術編輯——耶麗米工作室
執行企劃——艾青荷
校　對——游乾桂、郭玢玢

總 編 輯——余宜芳
發 行 人——趙政岷
出 版 者——時報文化出版企業股份有限公司
10803台北市和平西路三段二四〇號四樓
發行專線—（〇二）二三〇六—六八四二
讀者服務專線—〇八〇〇—二三一—七〇五
（〇二）二三〇四—七一〇三
讀者服務傳真—（〇二）二三〇四—六八五八
郵撥—一九三四四七二四時報文化出版公司
信箱—台北郵政七九～九九信箱

時報悅讀網——http://www.readingtimes.com.tw
電子郵件信箱——ctliving@readingtimes.com.tw
法律顧問——理律法律事務所　陳長文律師、李念祖律師
印　刷——詠豐印刷有限公司
初版一刷——二〇一一年二月十八日
初版十刷——二〇一八年三月十九日
定　價——新台幣二八〇元

時報文化出版公司成立於一九七五年，
並於一九九九年股票上櫃公開發行，於二〇〇八年脫離中時集團非屬旺中，
以「尊重智慧與創意的文化事業」為信念。

深情：教出懂愛、用心、有情的陽光孩子 / 游乾桂著. -- 初版. -- 臺北市：時報文化, 2011.02

面；　公分. --（教養生活；25）

ISBN　978-957-13-5343-2（平裝）

1. 親職教育　2.通俗作品

528.2　　100002356

ISBN　978-957-13-5343-2
Printed in Taiwan